本霊言は、2012年9月22日（写真上・下）、幸福の科学総合本部にて、
質問者との対話形式で公開収録された。

まえがき

田舎《いなか》出身の人は、母親から「学問をしたバカはどうしようもない。」という言葉を、聞かされることがある。人間としての素直な「賢愚」「善悪」の判断が逆になる人がいる。都会に出て大学などで学問的理論武装してくると、いよいよ、どうしようもない「知的バカ」が出来上がってくるのである。漁師でも自衛隊が国を護ってくれなければ大変なことになることが分かるのに、一生懸命、法律を勉強した外交官には分からなかったり、息子を海外の大学に学ばせてＭＢＡなどをとらせると、自営業をつぶしたりするものである。

本書で書き分けられている二種類の意見は、その見本のようなものである。人間として自らの悪行《あくぎょう》を反省するのは良いが、相手の嘘に丸め込まれて集団謝罪するのは愚の骨頂である。

中国で売られているブランド品の約五割は偽物で、韓国で売られているもののうち約三割が偽物である。自国商品の嘘を知り抜いている中国人や韓国人は、日本の銀座に買い物にやってくる。親日家だからではなく、偽物をつかまされたくないからである。銀座には偽ブランドはまずない。

嘘つきの国民性を見抜けないようでは、裁判官も、学者も、無用の長物だろう。本書で「従軍慰安婦問題」と「南京大虐殺」についての不毛な論争にピリオドが打たれることを切に祈る。

二〇一二年　九月二十七日

幸福《こうふく》の科学《かがく》グループ創始者兼総裁《そうししゃけんそうさい》　大川隆法《おおかわりゅうほう》

従軍慰安婦問題と南京大虐殺は本当か？　目次

第1章　東大名誉《めいよ》教授・坂本義和《さかもとよしかず》氏守護霊《しゅごれい》インタビュー

二〇一二年九月二十二日　収録
東京都・幸福の科学総合本部にて

第2章　エドガー・ケイシーによる「タイムスリップ・リーディング」

二〇一二年九月二十二日　収録
東京都・幸福の科学総合本部にて

「霊言現象《れいげん》」とは、あの世の霊存在の言葉を語り下ろす現象のことをいう。これは高度な悟《さと》りを開いた者に特有のものであり、「霊媒現象《れいばい》」（トランス状態になって意識を失い、霊が一方的にしゃべる現象）とは異なる。外国人霊の霊言の場合には、霊言現象を行う者の言語中枢《ちゅうすう》から、必要な言葉を選び出し、日本語で語ることも可能である。

また、人間の魂《たましい》は原則として六人のグループからなり、あの世に残っている「魂の兄弟」の一人が守護霊《しゅごれい》を務めている。つまり、守護霊は、実は自分自身の魂の一部である。したがって、「守護霊の霊言」とは、いわば本人の潜在《せんざい》意識にアクセスしたものであり、その内容は、その人が潜在意識で考えていること（本心）と考えてよい。

なお、「霊言」は、あくまでも霊人の意見であり、幸福の科学グループとしての見解と矛盾《むじゅん》する内容を含《ふく》む場合がある点、付記しておきたい。

第1章

東大名誉《めいよ》教授・坂本義和《さかもとよしかず》氏
守護霊《しゅごれい》インタビュー

二〇一二年九月二十二日　収録
東京都・幸福の科学総合本部にて

坂本義和《さかもとよしかず》（一九二七〜）

国際政治学者、東京大学名誉《めいよ》教授。アメリカのロサンゼルスで生まれ、幼少時を中国の上海《シャンハイ》で過ごす。東京大学法学部卒（演習の指導教官は丸《まる》山眞男《やままさお》）。シカゴ大学に留学し、モーゲンソー教授に学んだ経験を持つ。東京大学教授や明治学院大学教授等を経て、現在は国際基督《キリスト》教大学平和研究所顧問《こもん》を務めている。

質問者　※質問順

里村英一《さとむらえいいち》（幸福の科学　専務理事・広報局担当）

加藤文康《かとうぶんこう》（幸福実現党　研修局長）

綾織次郎《あやおりじろう》（幸福の科学　理事　兼《けん》「ザ・リバティ」編集長）

酒井太守《さかいたいしゅ》（幸福の科学　宗務《しゅうむ》本部担当理事長特別補佐《ほさ》）

［役職は収録時点のもの］

1　「二つのテーマ」に幸福の科学的探究を試みる

「従軍慰安婦《じゅうぐんいあんふ》」と「南京大虐殺《ナンキンだいぎゃくさつ》」は史実として存在したのか

大川隆法　今日（二〇一二年九月二十二日）も、難しいテーマにチャレンジしてみようと思います。

今日の題は、「従軍慰安婦《じゅうぐんいあんふ》問題と南京大虐殺《ナンキンだいぎゃくさつ》は本当か？　左翼《さよく》の源流vs.E.ケイシー・リーディング」です。

これは、ほとんど踏《ふ》み絵のような題であり、「この題を見て、イエスと言うか、ノーと言うか」で、だいたい、敵・味方に分かれるというか、どちらの陣営《じんえい》に入るかが分かるでしょう。

ただ、当会は幸福の科学なので、やはり、科学する心、「真実は、どうなのか」

ということを探究する姿勢を忘れてはならないと考えています。

今日、ちょうど、この時間帯には、当会の学生部の有志数十名が、日本の中国大使館前で抗議《こうぎ》行動を行う予定になっています。「事前に警察に身体検査をされた上で、四人ずつ順番に抗議する」という、非常に平和的で整然とした、〝骨抜《ほねぬ》き〟の抗議しかできないようですが、「おそらく報道されないだろう」と予想し、自分たちで報道する（「ユーチューブ」等にアップする）つもりでいるようです。

一方、中国では、最近、大々的に反日デモが行われましたが、その様子は中国国内では報道されず、海外でだけ報道されました。彼らは、日本車を潰《つぶ》したり、日系企業《きぎょう》の工場を燃やしたりしました。また、少し前には、日本の駐《ちゅう》中国大使の車を挟《はさ》み込《こ》んで、日の丸の旗を奪《うば》ったりもしています。中国側は、やりたい放題です。

そして、読売新聞の報道によれば、尖閣《せんかく》に繰《く》り出した漁船には、往復《おうふく》の燃料代が政府から支給されているようです。また、反日デモに参加した人たちについて、「百元《げん》（約千二百円）の日当が出されていた」という話や、「日本大使館前に行く途《と》中《ちゅう》で、水入りのペットボトルと生卵二個を渡《わた》され、それを大使館に投げていた」という話までであります。

「官製デモ」を堂々と行い、それを政府が制御《せいぎょ》しているように見せたりするほどの演出力のある、陰謀《いんぼう》史観が得意の国家に対して、日本は、どこまで、まともに相手ができるのでしょうか。それは非常に難しいことでしょう。

中国だけではなく、韓国《かんこく》もまた「竹島《たけしま》問題」でクローズアップされましたが、この問題の根元《ねもと》には「従軍慰安婦問題」があると思います。

「去年の終わりごろ、韓国は、ソウルにある日本大使館の前に、十三歳《さい》の少女の従軍慰安婦像をつくり、日本に反省を迫《せま》っていたのに、日本が何も具体的な行動を取らないので、それに怒《おこ》った韓国の大統領が、今回、竹島に上陸した」というかたちで、従軍慰安婦問題が原因であるかのような報道もなされていました。

ソウルの従軍慰安婦像の前には、アメリカのニュージャージー州に従軍慰安婦の碑《ひ》を建てていましたが、大して話題にもならなかったので、今度はソウルの日本大使館前に建て、それを報道させて、この問題を世界的に広めようとしたのです。そのように、韓国側は、はっきりとした戦略・戦術を持っているようです。

この従軍慰安婦問題と南京大虐殺に靖国《やすくに》神社問題を加えると、〝三点セット〟になるのかもしれませんが、靖国神社の問題は、靖国神社そのものが現実に存在するので、「史実かどうか」の問題ではなく、考え方の問題かと思います。

一方、従軍慰安婦と南京大虐殺は、「史実として本当にあったのかどうか」という問題が、あることはあります。

そこで、今日は、この二つの問題について、幸福の科学的な探究の仕方をしてみようと思っています。

外交に自虐《じぎゃく》史観を持ち込《こ》んだ「従軍慰安婦《じゅうぐんいあんふ》問題」

大川隆法　従軍慰安婦《じゅうぐんいあんふ》問題を中心とする、日本の自虐《じぎゃく》史観を、国際政治というか、外交の場に持ち込《こ》んだ人はたくさんいますが、その中心人物の一人が坂本義和《さかもとよしかず》東大名誉《めいよ》教授です。

この方は東大で国際政治学を教えていた人で、私が学生だったころが、その全盛期だったように思います。三十八歳ぐらいで東大教授になった優秀《ゆうしゅう》な人であり、私が大学に入るころには五十歳になる手前あたりだったでしょう。

岩波の雑誌「世界」の巻頭インタビューに応じたものを読むと、弁舌さわやかで、パシパシッと問題を論理で切りながら、「第一に……。第二に……。第三に……」と、よどみなく論理的に答えていました。それは、こちらが思わず唸《うな》るような切れ味であり、「頭がよいのだろう」と感じました。

しかも、難しい言葉を巧《たく》みに使っているので、「保守系の言論人たちは、『おまえら、頭が悪いのだから、黙《だま》っとれ』と言われているように感じるだろう」という印象も持ちました。

私の学生時代は、そういう感じの先生がたに囲まれていた時代です。

坂本氏は昭和二年（一九二七年）生まれなので、戦前と戦中に少年時代と青年時代を送っています。そして、戦後、昭和三十年（一九五五年）にアメリカへ留学しているのですが、戦後のアメリカで政治学の勉強をしたので、「日本が悪かった」というような教育を、そうとう受けたであろうと思われます。彼は、そのような考え方を日本に持って帰り、大学で教えたりしたのでしょう。

丸山眞男《まるやままさお》は、日本の歴史を荻生徂徠《おぎゅうそらい》あたりまでさかのぼり、日本のファシズム体制を解剖《かいぼう》した論文で有名になりましたが、坂本氏は、外交関係のほうで、そういう分析《ぶんせき》をした人物の一人かと思います。

「反日の源流」の一翼《いちよく》を担《にな》っている坂本義和氏

大川隆法　坂本氏は東大の名誉教授であり、現在は国際基督《キリスト》教大学の平和研究所顧《こ》問《もん》になっているようです。今、八十五歳です。

この人は、先日、九月八日の東京新聞に、竹島問題についての見解を寄稿《きこう》しているのですが、「まずは慰安婦問題の解決が先だ」と述べ、「韓国が竹島問題で国際司法裁判所への提訴《ていそ》に応じないのは、日本が慰安婦問題を誠実に解決していないからだ」というような論理を出しています。

そのなかで「河野談話《こうのだんわ》」にも言及《げんきゅう》していました。当時（一九九三年八月）の河野官房長官《かんぼうちょうかん》が、慰安婦問題に関して、「心からお詫《わ》びと反省の気持ちを申し上げる」という談話を発表したのですが、これが、尾《お》を引いています。坂本氏は、「まず、従軍慰安婦問題を解決し、それから、竹島問題の解決に平和的に取り組むのが順序だ」と述べているのです。

私は、本日の題で、坂本氏のことを「左翼《さよく》の源流」と表現しましたが、この言い方だと、もしかしたら、マルクスまで行ってしまうかもしれないので、「左翼の源流」という言葉は不適切かもしれません。

ただ、この人は、国際政治学というか、外交面において、「反日の源流」の一翼は担《にな》っていると思うのです。

そう思われることを嫌《きら》ってか、この人が寄稿した文章のなかには、「反日ではない」というような言葉が繰り返し出てきます。従軍慰安婦問題については、米下院で決議がなされ、日本に公式な謝罪を求めているのですが、「これは日本の友邦《ゆうほう》（友好国）による要求であり、反日ではないのだ」というようなことを言っています。

わざわざ、そのようなことを言っているので、これが意外に弱点なのでしょう。「反日だ」と思われるのが嫌《いや》なのだろうと思います。

しかし、実際に、こういった反日運動が日本人自身によってなされていることで、中国・韓国・北朝鮮《きたちょうせん》の〝三点セット〟の反日運動が、愛国運動と一緒《いっしょ》になって、「これについては、何をやっても無罪だ」という考え方が生まれ、反日運動が過激化する原動力にもなっているのではないかと私は感じています。

直接に教わったわけではないのですが、坂本氏は私の恩師筋に当たる人ではありません。ただ、私は、学生時代から、「坂本氏の考えは間違《まちが》っているのではないか」と率直《そっちょく》に感じていました。

当時は旧ソ連とアメリカとの冷戦時代であり、両国が核《かく》兵器を保有して睨《にら》み合っている状態でしたが、この人の思想は、「これでは打つ手がないから、米ソの力がバランス・オブ・パワーで均衡《きんこう》していれば、それでよい。日本は、ただただ、先の戦争での悪い行いを反省し、おとなしく、じっとしていたらよいのだ。そして、平和と反戦を唱えていれば安全なのだ」という思想のように見えました。

したがって、積極的な意味での価値判断というか、「こうすべきだ」という考えはなかったように思うのです。

ただ、問題を言葉巧みに論理で切っていく、文章の組み立て方などについては、「ずいぶん、うまいな」という印象を受けました。

坂本氏に教わった人の頭には反日の思想が入っているでしょう。そういう人たちが、例えば外務省など、日本政府のいろいろなところに入っていたなら、とにかく外国に謝罪したくなってくることは、分からないわけではありません。

以上が従軍慰安婦問題のほうです。

『ザ・レイプ・オブ・南京《ナンキン》』で海外から注目された「南京大虐殺《だいぎゃくさつ》」

大川隆法　一方、南京大虐殺《ナンキンだいぎゃくさつ》のほうは中国での事件であり、「一九三七年に日本軍が南京に侵攻《しんこう》したとき、大虐殺が行われ、三十万人ぐらいが殺されたのではないか」という話です。

これが話として大きくなったのは、アイリス・チャンという、中国系のアメリカ人が書いた、『THE RAPE OF NANKING《ザ レイプ オブ ナンキン》』（邦訳名『ザ・レイプ・オブ・南京』）という本がアメリカでベストセラーになってからです。

この本を出すに当たっては、米国の中国人社会の人たちの力がかなり働いていたことが判明しています。

この本の著者は一九六八年生まれであり、私より若いので、第二次世界大戦の実相を知っているはずはないのですが、そういう本を書き、二〇〇四年に、三十六歳で、なぜか亡《な》くなっています。なぜ死んだのか、よく知りません。自殺したのか、口封《くちふう》じをされたのか、このへんは分からないのです。

この本のなかで、この人は、「セックス・スレイブズ（性の奴隷《どれい》）」という言葉を使ったのですが、この言葉は響《ひび》きが悪く、そのため、日本人の印象が非常に悪くなりました。

この人は、「南京では、大虐殺も行われたが、二万人から八万人ぐらいの女性が、幼い女の子から、おばあさんに至るまで、日本人に犯《おか》されまくった」という、嘘《うそ》かまことか分からないような話を本に載《の》せ、この話を広げる運動をそうとう行いました。

こんな話によって、世界の人々の同情を買ったため、この本は、南京大虐殺および南京の大レイプ騒動《そうどう》が、ユダヤ人狩《が》り、ユダヤ人迫害《はくがい》に相当するものであるかのような印象を、世界に与《あた》えたのではないかと思います。

二つの問題は、日本を断罪するための戦略・戦術

大川隆法　韓国の従軍慰安婦問題と、中国の南京事件とは、「ユダヤ人問題とだいたいパラレルなもの」として世界に知られるように、持っていかれました。これは韓国と中国の戦略・戦術かと思います。

ナチスのユダヤ人殺害について、欧米《おうべい》世界での見方は非常に厳しく、ナチスの戦《せん》犯《ぱん》たちは、「反論の余地なし」と見なされ、「時効なし」で、死ぬまで追い詰《つ》められており、「南米まで逃《に》げていても、捕《つか》まえられる」という状況《じょうきょう》です。

従軍慰安婦問題と南京事件とを、それと同じように扱《あつか》えば、「日本を永遠に断罪できる」という構図が出来上がってきます。

こういう戦略・戦術が使われているのです。

今の竹島問題や尖閣問題等について、彼らに本音を言わせれば、「島の領有なんて、どうでもよい。そんなことは問題ではなく、そもそも日本人の性質が問題なの

だ」と言うでしょう。彼らの本音は日本人性悪説なのです。「とにかく日本人は悪いことをするのだから、日本人に対しては何をやっても無罪なのだ」というような考えが、この二つの問題の背景にはあるように思われます。

「南京大虐殺《ナンキンだいぎゃくさつ》」の証拠《しょうこ》写真は本物なのか

大川隆法　『ザ・レイプ・オブ・南京《ナンキン》』については、藤岡信勝《ふじおかのぶかつ》氏たちによる反論書である、『「ザ・レイプ・オブ・南京」の研究』（祥伝社《しょうでんしゃ》刊）など、いろいろと本が出ています。

『ザ・レイプ・オブ・南京』には、日本人が中国人を殺している写真などがたくさん載っており、見るに堪《た》えない残酷《ざんこく》なものも多いのですが、事実とは異なる写真が数多くあることが反論書などには書かれています。これについては渡部昇一《わたなべしょういち》氏も指摘《してき》しています。

例えば、『ザ・レイプ・オブ・南京』には、日本兵が中国人を串刺《くしざ》しのようなかたちで殺している写真が載っており、「南京事件のときのものだ」とされています。この本以外でもよく使われる写真ですが、反論書などには、「これは蒋介石《しょうかいせき》政府がPRのためにつくった写真だ」と書かれています。

また、これもよく使われる写真ですが、「日本刀を持った日本兵が、中国人の首を刎《は》ねようとしている写真」と言われているものも載っています。

ただ、剣術《けんじゅつ》をよく知っている人などから、「右利《き》きであろうと左利きであろうと、この構えで首を刎ねるのであれば、右足を前に出して斬《き》らなければ、刀を振《ふ》り下ろしたときに自分の足を斬ってしまうのに、左足のほうが前に出ているから、これで首を斬ったとは思えない」と指摘されています。

それから、「南京で虐殺《ぎゃくさつ》され、揚子江《ようすこう》に投げ込まれた人たちの大量の死体」という写真も載っているのですが、これについても、反論書などには、「調べた結果、戦死した死体が流れ着いたものである」と書いてあります。

こうしたことから、「南京大虐殺の証拠《しょうこ》とされている写真は、捏造《ねつぞう》されたり、事実とは違う説明をされたりしているものではないか。こういうものに、まんまと騙《だま》されているのではないか」という意見もあるのです。

政財界や官界の重鎮《じゅうちん》は、自虐《じぎゃく》史観的な見方で判断をしている

大川隆法　私の若いころは、坂本義和氏など、左翼系の学者たちの全盛期であり、今、政界や官界、財界等で活躍《かつやく》している重鎮《じゅうちん》たちは、こういう先生がたから自虐《じぎゃく》史観的な見方を教わっているはずなので、それに基《もと》づいて判断をしていると思います。

ただ、ごく最近になって、流れが変わろうとし始めています。

かつて、日本人は、「中国やソ連はよい国だが、日本は悪い国だ」「日本国憲法の平和条項《じょうこう》を守っていれば、問題がないのだ」ということを教わっていました。

また、「アメリカは悪いことをたくさんしている」とも教わっていました。そのため、安保《あんぽ》闘争《とうそう》や、アメリカのベトナム戦争への反対運動が、かなり過激に行われました。「アメリカがベトナム人をたくさん殺している」というような理由で、べ

トナム戦争中は、「べ平連《へいれん》（ベトナムに平和を！　市民連合）」の活動も盛《さか》んでした。

そのころ、日本人には、アメリカが行《おこな》っていることについては、はっきりと見えていましたが、「ソ連や中国で、どれほどの虐殺が行われているか」ということについては、まったく知らず、その両国を理想化していたのです。

そして、「アメリカは、なぜ、共産主義がドミノ倒《だお》しのように広がろうとするのを、防ごうとしているのか」ということについては、よく分かっていなかったのではないかと思われます。

客観的事実を見つめ、未来志向で考えなくてはいけない

大川隆法　いずれにしても、歴史に対する見方を確定するのは非常に難しいことだと思います。
幸福の科学には中国人や韓国人の会員もいるので、「今回のようなテーマを追究すると、おそらく当会の印象が悪くなるから、現地の職員は嫌だろうな」と思い、

やりにくい面もあります。

「韓国大統領の竹島上陸」という問題が起こったあと、韓国にいる、当会の国際局の日本人職員が、私の夢枕《ゆめまくら》に立ち、訴《うった》えてきたこともありました。「現地の職員たちは、みな、困っているのだろう」とは思います。

ただ、私は、「韓国や北朝鮮、中国と友情を結ぼうと思えば、『ただただ謝罪だけすればよい』というものではない」と考えているのです。

やはり、できるだけ、客観的な事実を見つめながら、「反省すべきところ」と「そうではないところ」を見極《みきわ》めることが必要です。

また、捏造されたり、誇大《こだい》宣伝をされたりしたことについては、それを改めてもらわなくてはいけません。

それから、未来志向で、「今後、どうするのか。どうしたいのか」ということも、考えなくてはいけないと思うのです。

中国は「毛沢東《もうたくとう》の時代」に戻《もど》るのか

大川隆法　今、中国は「習近平《しゅうきんぺい》の時代」に入ろうとしていますが、マスコミ等も、最近の反日デモ等について、「習近平がやらせている」という見方を、かなり取り上げ始めているので、私の言っていることが、そうとう浸透《しんとう》してきているのではないかと思われます。

ただ、今朝《けさ》の新聞等には、「中国にある、日系企業の工場は、反日デモの間《あいだ》、休業していたが、今度は、日系企業の現地の従業員たちが、日本製品のボイコット運動をしながら、賃金上げを要求している」という記事が載っていました。まさに狂《くる》っているような状態です。

これも、中央政府から指示が出ている動きだとしたら、「習近平は経済が分からないのではないか」という説は本当かもしれません（『李克強《りこくきょう》　次期中国首相　本心インタビュー』〔幸福実現党刊〕参照）。

この動きからは、中国を「毛沢東《もうたくとう》の時代」に戻《もど》そうとしているような印象を受けます。今後の日中関係は、昔にタイムトラベルをしたような、かなりぎくしゃくした関係に戻る可能性もあるのではないでしょうか。

「霊言《れいげん》」と「リーディング」で、二つのテーマを探究する

大川隆法　少し欲張っていますが、「従軍慰安婦」と「南京大虐殺」という二つのテーマについて、調べてみたいと思います。

坂本義和氏は、外交の面において反日思想を擁護《ようご》する立場の代表のような人だと思われるので、彼の守護霊は、そのようなことを何らかのかたちで主張するのではないかと推定されます。質問者がうまく受け答えをすれば、そういう立場の代表的な意見が聞けるのではないかと思います。この人の教えを受けた人たちが、今、官界や財界などの各現場で現実に判断をしているでしょう。

それから、『ザ・レイプ・オブ・南京』については、「そういう事実があったかど

うか」ということを、今の時点では、もう確定のしようがありません。

そこで、当会の指導霊《しどうれい》の一人である、アメリカ人のエドガー・ケイシーの「タイムスリップ・リーディング」によって、「事実は、どうだったか」ということを調べることにします。「ケイシーの目には、その当時の南京が、どのように見えるか」ということが知りたいのです。

そのあと、従軍慰安婦の問題についても、ケイシーのリーディングで調べてみたいと考えています。

したがって、「一方だけではなく、両方に配慮《はいりょ》した探究である」と言えます。

私は、「嫌な役割をしているな」と、自分でも、つくづく思うのですが、論点を残すのは、あまり好きではないので、調べてみることにします。

国際政治学者、坂本義和氏の守護霊を招霊《しょうれい》する

大川隆法　では、最初に、従軍慰安婦問題に関して、国際政治学者の坂本義和氏の

守護霊を呼びたいと思います。

坂本氏は、南京事件や靖国問題等についても、おそらく、従軍慰安婦問題と同じような意見を持っているだろうと思われます。

ご高齢《こうれい》で、もう八十五歳になっておられますし、教授としては現役《げんえき》を引退なされているので、あまり個人的な批判や攻撃《こうげき》をしたくはないのですが、今の日本の国際問題には反日的な自虐史観が現れてきており、坂本氏がその一つの原点ではあろうと思うので、それを検証させていただきたいのです。

そういう趣旨《しゅし》なので、どうか、個人的な攻撃やつるし上げとは思わず、自分のお考えを堂々と言ってくだされば、ありがたいと思っています。

（合掌《がっしょう》し、瞑目《めいもく》する）

国際政治学者にして、平和運動家でもありました、東大名誉教授、坂本義和さんの守護霊を、幸福の科学総合本部に招霊《しょうれい》いたします。

坂本義和さんの守護霊よ。

坂本義和さんの守護霊よ。

どうか、幸福の科学総合本部に降りたまいて、私たちに、国際問題の見方に関する、ご自身のお考えを、お述べください。

最近採《も》めております竹島問題については、「従軍慰安婦問題が竹島問題解決の障害になっている」と言っておられるようですので、尖閣の問題等も絡《から》めまして、どうか、お考えをお述べくださいますよう、お願い申し上げます。

坂本義和の守護霊、流れ入《い》る。

坂本義和の守護霊、流れ入る。

坂本義和の守護霊、流れ入る、流れ入る、流れ入る、流れ入る。

坂本義和の守護霊、流れ入る、流れ入る、流れ入る、流れ入る、流れ入る、流れ入る、流れ入る。

（約十秒間の沈黙《ちんもく》）

2 「従軍慰安婦《じゅうぐんいあんふ》」は史実なのか

坂本義和氏が東京新聞に意見投稿《とうこう》した理由

里村 坂本義和先生の守護霊様でいらっしゃいますでしょうか。

坂本義和守護霊 うん？

里村 おはようございます。

坂本義和守護霊 （舌打ち）ああ。

坂本義和守護霊　うん？　うん？　なんで、君に「先生」って言われなきゃいけないのか、分からないねえ。

里村　ああ、たいへん失礼いたしました。東大名誉《めいよ》教授でいらっしゃる坂本先生の守護霊様ですね。かねがね、ご高名は伺《うかが》っております。本日は、このようなかたちで、昨今起きているさまざまな国際政治上の事件や、先生の歴史観等をお聴《き》かせいただく時間を頂戴《ちょうだい》しまして、ありがとうございます。

また、今日は、坂本先生の講義を東大の大教室で聴いたことがある者も参加しております（加藤を指す）。

坂本義和守護霊　ん？　東大の？　そうかい。そんな者が宗教に紛《まぎ》れ込《こ》んでいるのか。

里村　いや、れ込んでいるわけではなく、プロとして参加しています。

坂本義和守護霊　君、ちゃんと就職しなきゃ駄目《だめ》だよ。え？　もっと、まっとうな就職をしなさい、まっとうな就職を。

里村　就職ではなく、「出家《しゅっけ》」をしているのです。

坂本義和守護霊　ええ？　出家じゃ、頭を剃《そ》らなきゃいけない。

加藤　大学卒業から、約三十年たちましたが、今日は、先生にいろいろとお教えいただきたいと思い、本当に楽しみにしております。どうぞ、よろしくお願いいたします。

坂本義和守護霊　まさか、私が宗教に喚問《かんもん》されるとはな。

里村　喚問ではございません。

坂本先生は、つい最近、東京新聞に、わざわざご自身で投稿《とうこう》なさいましたね。

坂本義和守護霊　あー、あー、あー、あー。

いやあ、まあ、年を取ると、声が掛《か》からんからね。「もう忘れられているのか」と思うと、さみしいなあ。だから、たまには自分で言わないとな。

里村　私も、いつ、坂本先生のコメントが出るかと思っていたのです。

坂本義和守護霊　おお？　嘘《うそ》つけ！　嘘ばっかり。おまえ、口がうまいなあ。

国際的にも合法な日韓併合《にっかんへいごう》を「侵略《しんりゃく》」と決めつける坂本義和守護霊

里村　いえいえ。このように、お話を聴かせていただくチャンスは、なかなかございません。

坂本義和守護霊　おまえ、口うめえなあ。ああ？

里村　先生、お時間も限られていますので、端的《たんてき》にお伺いしますが、今年八月、韓《かん》国《こく》の李《イ》大統領の竹島《たけしま》訪問をきっかけに、日韓関係が非常にぎくしゃくしております。

さらに、そのあとには尖閣《せんかく》問題もあり、これまた、日中関係がぎくしゃくして、中国国内では野蛮《やばん》とも言える反日デモが起きております。

国際政治学の大家《たいか》でいらっしゃる坂本先生は、現在の日韓あるいは日中の状態、中国の反日デモや韓国の動きなどを、どのようにご覧になっているでしょうか。まず、そのあたりからお伺いしたいと思います。

坂本義和守護霊　やっぱり、歴史観だよな、基本的にはな。

先の日本の韓国併合《へいごう》と言っても、まあ、侵略《しんりゃく》だよ。韓国支配三十六年をやった、あの侵略の歴史について、（日本人は）ケロッと忘れていて、反省・謝罪が十分にない。それから、中国内陸部でさんざん荒《あ》らしまくったり、アジアの同朋《どうほう》を殺しまくったりしている。

これを戦後世代が忘れかかってきていることに対して、韓国・中国が、「忘れてはいかんよ。君らの悪行《あくぎょう》を、われわれはまだ覚えているんだ」というパフォーマンスをしてみせることで、日本に反省を求めているんじゃないかな。基本的には、そういうことだと思う。

里村　今、先生は、「日韓併合は侵略であった」とおっしゃいましたが。

坂本義和守護霊　侵略ですよ。当ったり前じゃないですか。

里村　ただ、日韓併合に関しては、当時の国際社会においても何ら非難は出ておらず、国際的に合法と見られていました。

坂本義和守護霊　「非難が出ていない」っていうのは間違《まちが》いでね。ヨーロッパだって、（日本が）植民地をつくって悪いことをしたのは分かってるんだけども、自分らのほうに累《るい》が及《およ》ぶのを恐《おそ》れて言わなかっただけであってね。ま、悪いことは悪いんだよ。

綾織　坂本先生も原稿に書かれていますように、韓国との関係においては、やはり、「従軍慰安婦問題《じゅうぐんいあんふもんだい》」は何回も抗議《こうぎ》をするうち事実に変わる？

従軍慰安婦《じゅうぐんいあんふ》問題がいちばんの焦点《しょうてん》になっています。

これは、「河野談話《こうのだんわ》」において、「強制的に連行されるような状況《じょうきょう》にあった」ということを一部認めるような談話を発表したことが、ひとつの発端《ほったん》になっているわけですが、先生も、「歴史的な事実として、実際にそのようなことがあった」という認識をされているわけですよね。

坂本義和守護霊　まあね。それは昔のことだから、証拠《しょうこ》を十分に揃《そろ》えることはできないけども、生きている人たちが、八十代にもなって、いまだに、「自分らは、十代のときに、日本兵にさんざんもてあそばれた」とか言っているわけだ。

日本でもそうだろうけれど、女性が、「こういうふうにレイプされました」とか、そういうことを言う場合には、だいたい男性は有罪になるだろう？

しかも、その年齢《ねんれい》になって言うのは、死ぬほど恥《は》ずかしいことなんだからさ。それに、そういうことを知られると、身内も恥《はじ》をかくわけだ。一族もいっぱいいるわけだし、韓国社会では非常に恥ずかしいことだろう?

だから、「それを言い続けている」ということや、「従軍慰安婦の碑《ひ》の前で千回も集会を続けている」という行為《こうい》自体が証明だな。

それは、首相官邸《かんてい》前で福島原発の反対をずーっとやり続けている人たちと同じだよ。やっているということ自体が、ほんとに「民意」なんだから、それを受け入れなきゃいけないいんだ。

里村　坂本先生の東京新聞への投稿にも、「慰安婦が毎週水曜日に抗議《こうぎ》集会を行っている」「日本では、毎週金曜日に脱《だつ》原発のデモが続いている」というように、「続けていることが確証の根拠《こんきょ》である」と書かれていますね。

坂本義和守護霊　いやあ、それはそうだよ。

里村　ただ、先生のその論理は、「嘘も百回言えば真実になる」と同じような論理にしか思えないのです。

坂本義和守護霊　いや、そりゃ、世の中、君みたいな人間ばかりじゃないんだよ。日本の死刑囚《しけいしゅう》なんかでも、八十を過ぎてもまだ無罪を訴《うった》えているのがいるけれど、何十年も言い続けるほどやっている人の場合は、本当であることが多いわな。だから、何十年も前からずーっといまだに言っているってことはねえ、「嘘つき」と言われるのを覚悟《かくご》して、それを乗り越《こ》えてやってきているわけだからさ。

里村　いや、先生、何十年も前からではないのです。

坂本義和守護霊　ええ？　え？

里村　一九九〇年代からなんですよ。

坂本義和守護霊　うーん。

「日韓《にっかん》基本条約」では過去の清算はできないのか

加藤　今、従軍慰安婦問題は、日韓《にっかん》の未来志向を築く上で、非常に重大な阻害《そがい》要因になっています。

そもそも、日本と韓国は、一九六五年に「日韓基本条約」を結び、過去の問題についてはすべて清算して、未来志向で行くかたちになっているはずです。これが、国際法上のルールにして常識であると思うのですが、いかがでしょうか。

坂本義和守護霊　うーん。いやあ、でも、それは、韓国がまだ「本当の韓国」になっていなかった時代だからね。戦後の奇跡《きせき》とも言われる「漢江《ハンガン》の奇跡」で成功した韓国にとって、今の自覚や認識力、判断力で見れば、「当時は非常に弱腰《よわごし》で契約《けいやく》を結んだ」というふうに見えた時代かと思うな。

加藤　しかし、基本条約を結んだあと、日本は韓国に対し、有償《ゆうしょう》、無償合わせて五億ドルの経済供与《きょうよ》をしています。これは、韓国の年間国家予算を上回る額です。これで、「過去の問題については、すべて清算し、未来志向で行く」というのが、国際社会の常識にもかなっていると思うのですが。

「朝鮮《ちょうせん》人が慰安婦《いあんふ》を強制された」という証拠《しょうこ》はどこにあるか

坂本義和守護霊　まあ、でもだねえ、君らには分からないかもしれないがな。「日韓併合」というかたちで、彼らは日本人扱《あつか》いされていたわけだけども、戦地でも、いちばんきつい、必ず死ぬような所には、朝鮮《ちょうせん》出身の兵隊が放り込まれていた。

それから、強制的に軍隊の相手をさせられる女性たちも、朝鮮人のほうが優先であった。「慰安婦《いあんふ》のなかに、一緒《いっしょ》に戦っている日本人の妹だとか、元恋人《こいびと》だとか、友人だとかがいたら、かわいそうだ」というので、まず、朝鮮人を引っ張ってきて、「それなら関係がないだろう」とやっていたのは事実だよ。

酒井　ただ、先生は「強制的に」と言われましたが、どこに証拠《しょうこ》があるのですか。

坂本義和守護霊　そりゃ、国まで取られているんだから、もう、それ自体、強制……。

酒井　いやいや、「強制的なものである」という証拠となる政府文書は、何も残っていません。

坂本義和守護霊　いや、だから、反抗しようにも、国だって戦えない状況で、個人がどう抵抗できる?

酒井　それでは、「従軍慰安婦」という言葉の定義を言ってください。

坂本義和守護霊　だからね、まあ、日本というのは、「そういう国」なんだよ。

酒井　「そういう国」などということではなく、言葉の定義を伺っているのです。

坂本義和守護霊　昭和五年の昭和恐慌《きょうこう》のときには、東北の人は、食っていくために、自分の娘《むすめ》を上野《うえの》に売り飛ばしたんだ。東京のいろんな色街《いろまち》や売春宿に、娘をいっぱい売っていたのは事実だよな。それと同じことを韓国にやったんだよ。

加藤　しかし、それは、国家レベルで行われたものではありませんよね。

綾織　問題は、「軍が命令を出したのか」「組織的に女性を集めたのか」ということなのです。

酒井　それは、軍が行《おこな》ったことなのですか。

坂本義和守護霊　いや、それは、日本がそういうふうに捉《とら》えているんだよ。

「慰安婦《いあんふ》の募集《ぼしゅう》」に国家が関与《かんよ》した事実はあるか

坂本義和守護霊　今、あれだろ？　ＮＨＫで、「負けて、勝つ～戦後を創った男・吉田茂《よしだしげる》～」ってドラマをやっていると思うけども、あれだって、戦後まもなく、ＧＨＱが来たら、日本の政府は、早くも、米軍のために慰安所《いあんじょ》を千カ所もつくって、プロの売春婦を集めてだなあ……。

綾織　アメリカ軍はそれをやりましたが、日本軍はやっていないわけですよね。

酒井　要するに、それは〝プロ〟ですよね。

坂本義和守護霊　それで、池田勇人《いけだはやと》にだなあ、大蔵省の課長（実際には主税局長）かなんか知らんけれど、「金は幾《いく》らだい？」「一億円要《い》ります」とか言って、やらしてるじゃない。だから……。

綾織　アメリカ軍はひどかったわけですよね。

坂本義和守護霊　日本は、それを「当然だ」と。
大蔵省が金を出して、警察が経営する売春宿が存在したんだから、そういう国家絡《がら》みのような……。

綾織　しかし、日本軍はそういうことをしなかったわけですよね。

坂本義和守護霊　いや、国家絡みでやるのに慣れてたわけよ。戦前にやってたことと、同じことをやっているだけなんだ。

綾織　いや、日本は全然違うわけです。それは、言ってみれば、「商行為としての売春」というものを、軍として認めていただけのことです。

里村　しかも、戦後の慰安所については、その予算行為や通達などがすべて記録に残っておりますが、戦前の従軍慰安婦問題に関してはまったくないのです。一説には、「慰安婦として、二十万人が引っ張られていった」とも言われていますが、本当に二十万人という数の強制連行をしようとしたら、その証拠が至る所に残っているはずです。ところが、軍による強制連行を主張している女性は、わずか数人ばかりなのです。

坂本義和守護霊　うん。生き残っている人は、もう少ないだろうからさ。「従軍」と言ったって、軍隊が南の島にいっぱい点在していて、南方戦線に送られた慰安婦隊だからね。そこに若い女性たちがいっぱい送り込まれたわけだからさ。君らは、「従軍かどうかの定義を言え」とか、いろいろと言っているけれど……。

綾織　いやいや、「強制かどうか」だけが問題であって……。

坂本義和守護霊　なんで、そんな南の島へ行かなければいけないの?

綾織　実際に、拉致《らち》されるようなかたちで女性が連れていかれたのであれば、男性たちも怒《おこ》って立ち上がったはずですよ。しかし、そういう事例は一つもありません。

坂本義和守護霊　トラックに、山のように積まれて引っ張っていかれた。何の目的で連れていかれるかも分からないのに、トラックに乗せられ、ワーッと連れていかれて。

酒井　いや、それを送り込んだのは朝鮮の業者なのです。

坂本義和守護霊　いやあ、それは……。

「日本軍が慰安婦《いあんふ》を集める斡旋《あっせん》業者を使った」と主張する坂本守護霊

酒井　先ほど、あなたは、アメリカ軍のための慰安婦《いあんふ》を〝プロ〟と言いましたよね。

坂本義和守護霊　（慰安婦を集めるために）手下は使ったけど、それを軍が要求しているのは明らかじゃないか。

酒井　いや、これに関しては、データとして正確に残っていますが、日本はそういうことを禁じていたのですよ。

坂本義和守護霊　軍人さんが、直接、女性たちを集めて、「はい、これから慰安婦になってもらいますから、連れていきますよ」なんて言うわけはないんで、そんなの、業者に頼《たの》むに決まっているじゃない？

綾織　いや、組織である以上、もし、本当にそのようなことを行っていたとするならば、記録が残っているはずなのです。

坂本義和守護霊　ええ?

綾織　記録がまったくないわけですよ。

酒井　だから、ある種、それを斡旋《あっせん》する人がいたのです。

坂本義和守護霊　それはそうだろうが……。

酒井　日本軍内では、「勝手に人をさらったり、日本の業者のふりをして、慰安婦を連れてくる朝鮮人の斡旋業者を取り締《し》まるように」という通達もあったのですよ。むしろ、日本軍では、それを止《と》めていたのです。

坂本義和守護霊　昔は、とにかく、軍隊と宗教がある所には、売春が流行《はや》るんだよ。

里村　宗教は関係ありません。

坂本義和守護霊　あるよあるよ。何を言ってるの？　伊勢神宮《いせじんぐう》の周りは、もう、遊《ゆう》郭《かく》の山じゃないか。

里村　いや、それは、単に、人が集まる所だからではありませんか。

坂本義和守護霊　京都だって、もう遊郭の山じゃない？

里村　それは人が集まる所だからですよ。

坂本義和守護霊　神社仏閣がある所には、遊郭が必ず……。

綾織　この論争については、これ以上続けてもしかたがないようです。

3 「日本の原罪」とは何なのか

「反日デモ」は先祖代々の恨《うら》みが爆発《ばくはつ》したもの？

綾織　坂本先生の国家観や外交についての基本的な考え方をお伺《うかが》いしたいのですが。

坂本義和守護霊　うん。

綾織　まず、先ほどの「謝罪、反省をすべきだ」という話ですが……。

坂本義和守護霊　そうだよ。だから、李明博《イミョンバク》大統領は正しい行為《こうい》をしたんだよ（二〇一一年十二月の日韓《にっかん》首脳会談で慰安婦《いあんふ》問題の解決を要求）。ちゃんと個人（元慰安婦）が分かっていたんだから、去年の十二月ぐらいまでに、ちゃーんとお金を出して、首相からも謝罪したら、それで済んでいたんだよ。

綾織　そのような謝罪要求は中国からも来ているわけですが、先生は、今後、日本と東アジアとの関係について、中国や韓国、もちろん北朝鮮《きたちょうせん》も含《ふく》めた国々に対し、謝罪・反省をしていき、どのような状態になるのが理想的であるとお考えでしょうか。

坂本義和守護霊　だから、彼らに許しを乞《こ》うことによって、初めて、人間として対等に付き合える関係が始まるんじゃないか。

綾織　はい。では、対等に付き合ったその先にはどうなるのですか。

坂本義和守護霊　え？　対等に付き合って……。

綾織　例えば、現在の中国は、軍拡を続け、日本を呑《の》み込《こ》もうとする動きをしているわけですが。

坂本義和守護霊　いやあ、だから、なんて言うの？　中国で、デモや放火、（駐《ちゅう》中国）大使の（車の日の丸の）旗まで奪《うば》って、というのは、君たちから見たら、ほんと、狂《くる》ったようなことをやっているように見えるだろうし、今の若いマスコミの人たちもそんなふうに報道しているようだけども、「実は、そこまで恨《うら》みが深い」ということを深く自覚しないといかんわけよ。

綾織　「その恨みを晴らさせるのがよい」と考えるわけですか。

坂本義和守護霊　うん。もう、先祖代々、おじいちゃん、おばあちゃんの代から、「日本軍にこれだけの悪さをされた」という話をずーっと聞いてきたものが爆発《ばくはつ》して、今、出ているわけだからね。

里村　いや、あれは、ただの略奪《りゃくだつ》です。要するに、泥棒《どろぼう》ですよ。

坂本義和守護霊　え？　そんなことはない。日本に対しては、もう、そのくらいやらないと収まらない。

里村　これは、そのような歴史観とは別の問題ではないでしょうか。

「ソ連と中共《ちゅうきょう》は平和勢力」という自説を反省しない坂本氏

綾織　「恨みを晴らす」という意味では、例えば、「中国が尖閣《せんかく》列島を取っても、まったく構わない」ということになるわけですね。

坂本義和守護霊　うーん、それはもう、昔の倭寇《わこう》の時代から取ったり取られたりしているので、そのときの力関係によって変わるだろうが。

加藤　そうしますと、先生は基本理論のなかで、以前から、「バランス・オブ・パワー」、「東西の勢力均衡《きんこう》」ということをおっしゃっていましたが、実際にはいかがでしたでしょうか。先生がその理論を説いておられたころから、すでに二十年、三十年がたち、現在では、当時のソ連や、文化大革命を行った中国の実態がかなり分かってまいりましたが、そのあたりについては、どのようにお考えでしょうか。

坂本義和守護霊　まあ、「大川隆法さんが、どこかで私を批判している」というようなことは、ちゃんと耳に入っているけどさ。

「教授は、『米ソの力が拮抗《きっこう》した状態が続いていけばいい』と言っているが、自分は、『ソ連は間違《まちが》っているから潰《つぶ》れるべきだ』という考え方をしていたので、東大の国際政治学にはついていけないと思った」みたいなことを言ったというのは、耳に入っているけどね（『太陽の法』〔幸福の科学出版刊〕参照）。

まあ、しかしだね、ソ連はソ連で、自分のことを反省したらいいわけよ。だから、他の国はともかく、日本は日本のことを反省しなさい。

里村　いや、坂本先生、今、そこに、すり替《か》えがありました。

坂本義和守護霊　ええ？　すり替えるの、私は得意なんだからさ。頭がいいんだよ。

里村　坂本先生は、すり替えがお得意でございますよね。

坂本義和守護霊　頭がいいから、ちょっとすり替えちゃうのよ。

里村　話が幾《いく》つもすり替わっていくのですが、まず、坂本先生は、「ソ連あるいは中共《ちゅうきょう》（中国共産党）は平和勢力であり、アメリカとのバランス・オブ・パワーによって平和が保たれるのだ」と……。

坂本義和守護霊　少なくともスタート点は、そうだったよな。「毛沢東《もうたくとう》革命」なんて、ものすごく新鮮……。

里村　待ってください。「ソ連と中共が平和勢力だ」というのは、とんでもない見方でした。先ほど、先生は、「日本が謝罪と反省をしない」とおっしゃいましたが、私は、先生が「自分の理論は間違っていた」という反省を発表したなどという話は、寡聞《かぶん》にして知らないのです。

「正義」とは何かがまったく理解できない国際政治学者

坂本義和守護霊　私はね、アメリカに留学して、きっちりとした政治学を学んだのでね。アメリカの正統な対日史観を学んだんだ。「〝悪なる日本〟を叩《たた》くために、われわれは中国を助けてやったんだ」って、彼らは言っていたよ。

里村　ちょっと待ってください。先生は、「アメリカに行って、しっかり学んだ」とおっしゃいますが、去年、先生が出された『人間と国家』の「まえがき」には、「ブッシュ大統領の戦争に距離《きょり》を置いたオバマ大統領が、ウサマ・ビン・ラディンの殺害を誇《ほこ》ったことが衝撃《しょうげき》だった」というようなことを書かれていましたね。

坂本義和守護霊　あれは衝撃ですよ。そんな人殺しをしてはいけませんよ。

里村　しかし、先生は、「アメリカへ行って、しっかり学んだ」とおっしゃっています。

坂本義和守護霊　何を言ってるの？

里村　でも、あれが、「アメリカの正義」でしょう？

坂本義和守護霊　違う。それはおかしいや。「ノーベル平和賞」をもらっておいて、人殺しをするとは何事だ。反省、反省しなきゃ。

里村　あれをしなかったら、「アメリカの正義」がなくなるのです。

坂本義和守護霊　ええ？　とんでもない！　人殺しはいけませんよ。

里村　私は、同書を読んで、「やはり、坂本先生は、国際政治において最も肝心《かんじん》で、大事な部分である『正義』というものを、全然考えていない」と感じました。

坂本義和守護霊　いや、ヒトラーはね、「正義」の名の下《もと》に、ユダヤ人を六百万人も殺したわけよ。だから、もう、そういうのを信じちゃいけない。とにかく、「平和」「反戦」「人殺しなし」だ！

酒井　ただ、「北朝鮮はいい」ということですよね？

坂本義和守護霊　え？　「北朝鮮はいい」って、どういうことよ。

酒井　北朝鮮は、「拉致被害者《らちひがい》」のことよりも、「食糧《しょくりょう》を渡《わた》せ」と言っています。

里村　ええ。「食糧が先だ」と言っています。

坂本義和守護霊　そりゃ、北朝鮮人民を救うことは、「日本の原罪」を拭《ぬぐ》う意味でも、必要なことだな。普通《ふつう》の話し合いをするのは、それからだよ。

酒井　それでは、ヒトラーと変わらないではありませんか。

4 「中国の侵略《しんりゃく》」を望むのか

日本やアメリカは「人殺し国家」で、中国は「平和勢力」？

加藤　国際政治において、核《かく》兵器の存在は非常に大きな問題だと思いますが。

坂本義和守護霊　核はいけません。核を持っちゃいけません。

加藤　「中国とロシアについても」でしょうか。

坂本義和守護霊　日本やアメリカみたいな「人殺し国家」は、核を持つべきじゃありません。

綾織　中国はいいのですか。中国は何百発と持っても構わないのですか。

坂本義和守護霊　中国やロシアのような平和勢力は……。

綾織　〝平和勢力〟は構わないのですか。

坂本義和守護霊　「防衛のために核を持つ」ということは分かるよ。持たなかったら、アメリカにガンガン撃《う》ち込《こ》まれて、殺されるから。

里村　坂本先生は、「中国は、まだ平和勢力である」というご認識ですか。

坂本義和守護霊　そりゃあ、そうじゃないか。彼らは、日本にあれだけひどい目に遭《あ》ってもだね、耐《た》えて耐えて耐えて、貧乏《びんぼう》しながら、何とか国を守ろうとして、軍備を増強したわけであって……。

綾織　中国では、文化大革命のとき、何千万人もの人が殺されていますが、それについては、どうお考えでしょうか。

坂本義和守護霊　ええ？　向こうは、日本やアメリカに再び侵略《しんりゃく》されないために、食うものも食わずに、必死で武装したんだ。

里村　坂本先生の教え子である朝日新聞の若宮《わかみや》主筆（守護霊）でさえ、先日この場で、「今の中国には、もう、疑いを持たざるをえない。あの反日デモは何だ」というようなことを言っていました（『朝日新聞はまだ反日か――若宮主筆の本心に迫《せま》る――』〔幸福の科学出版刊〕参照）。

坂本義和守護霊　わしより二十も若いから、時代の流れがちょっと違《ちが》うのかもしらんけども。うーん。とにかくな、だんだん若くなるにつれて、戦中の日本の悪さとかが分からなくなってくるんだなあ。

綾織　「この論考は、ご自身から寄稿《きこう》された」とのことですが、マスコミから、だんだん相手にされなくなっているのは、ご自分でも分かっていらっしゃるのではないですか。

坂本義和守護霊　相手にされないって、君ね、「八十五でまだ言論を張れる」というのは、もう、尊敬に値《あたい》するんだ。

綾織　いやいや。ご自身では書かれるのでしょうが、取材に来るのは……。

坂本義和守護霊　君が八十五になってね、「ザ・リバティ」にコラムを書かせてもらえると思ってるのか。え？

綾織　それは分かりませんが、取材は、あまり来ないですよね。

坂本義和守護霊　君ぃ、養老院で暴《あば》れまくってるよ、点滴《てんてき》して。

里村　お年の話は結構なんですけど、先ほども、ちょっと申しましたが……。

坂本義和守護霊　この冴《さ》えた頭脳を、「八十五でこれだけ冴えて、君らみたいな何十歳《さい》も若いのと話ができる」という、この頭脳を、君ぃ、神のごとく信じなさいよ。

日本は、中国や韓国《かんこく》に国を取られても文句《もんく》を言えないのか

里村　坂本先生は、根本的なところの国家観あるいは政治観が、私たちと違うのではないでしょうか。日本は、すでに何度も謝罪と反省を表明しています。

坂本義和守護霊　いや、心がこもってない。真心が！（机を叩《たた》く）口だけだ。官《かん》僚《りょう》が書いた訳《わけ》の分からない作文で、もう、韓国《かんこく》の大統領が批判するとおりだ。抽象《ちゅうしょう》的な言語で具体性がなく、作文を読み上げるだけで心のこもってない、天皇陛下のお言葉とか、そんなものは聞きたくもない。首相の言葉でも、「遺憾《いかん》だった」なんていうのは聞きたくもない。向こうの批判は正しいですよ。

里村　坂本先生の提言をもとにつくられたとも言える村山談話《むらやまだんわ》では、「わが国は、遠くない過去の一時期、国策を誤り、そして、とりわけアジア諸国の人々に対して

多大の損害と苦痛を与《あた》えました」というように、お詫《わ》びの気持ちをはっきりと表明しています。私は、村山談話に対して異論がありますが、謝罪の気持ちは、十分、心から示していると思います。

あるいは、日韓基本条約を結んだときや、日中国交正常化のときに、円借款《しゃっかん》に加え、無償《むしょう》で資金援助《えんじょ》することも決め、日本はそれをずっとやってきました。日本は、今まで、心の面も行動の面も十分に謝罪と賠償《ばいしょう》を行っています。

坂本義和守護霊　円借款？　でも、ケチじゃないの？　「返してもらおう」と思ってるんだろう？

里村　待ってください。トータルで約八兆円にもなるんですよ。

坂本義和守護霊　だから、金を与えなきゃいけない。タダでやらなきゃいけない。

「戻《もど》してもらおう」なんていう考えが間違ってる。

里村　では、その上で、さらに謝罪と反省を重ねれば、韓国や中国は、「竹島《たけしま》は韓国のものだ」とか「尖閣《せんかく》は中国のものだ」とか、言わなくなるとお思いですか。

坂本義和守護霊　そんな小さな島のことを言っちゃいけない。日本自体が、中国や韓国に取られたって、文句《もんく》を言えないんだ。分からねえのか？

「日本は中国の庭」「中国は沖縄《おきなわ》に基地を持ってよい」という主張

綾織　坂本先生は、著書のなかで、「自衛権の最も理想なかたちは、市民の非暴力組織である」と……。

坂本義和守護霊　そう、非暴力ですよ。非暴力です。

綾織　沖縄返還《おきなわへんかん》の際には、沖縄の非軍事化を主張されていましたが。

坂本義和守護霊　そりゃあ、そのとおり。

綾織　その考え方を進めていくと、中国の人民解放軍が沖縄に入ってきても、それを許容するというか、無抵抗《むていこう》のまま受け入れるしかなくなると思います。

坂本義和守護霊　中国は沖縄に入《はい》るべきですよ。

酒井・里村・綾織　入るべき？

坂本義和守護霊　アメリカに二十何年も占領《せんりょう》されてね。そして、アメリカをつけ上がらせてね。
あんな、アメリカなんかに、太平洋まで来て、アジアの諸国を支配する権利はないんだよ。本当は、とっとと帰るべきなのさ。

綾織　アメリカがアジアでしていることは、支配ではなく、安全保障です。

坂本義和守護霊　沖縄に大きな基地を持って、中国や韓国や北朝鮮《きたちょうせん》、その他の国々を、全部、支配下に置こうとする、この野望ね。これは、もう、ジンギスカンを超《こ》えた野望だよ。

綾織　（苦笑）アメリカではなく、中国がそれをやる分にはいいわけですね。

坂本義和守護霊　中国は近くじゃない？　このへんは中国の庭じゃないか。前庭なんだ。彼らにとって、「港から出て、目の前にある目障《めざわ》りなものを除《の》けたい」というのは、当たり前のことだ。

里村　坂本先生からご覧になって、日本は中国の庭ですか。

坂本義和守護霊　庭ですよ。そんなの当たり前だ。前庭じゃないか。

綾織　では、中国は、日本で自由にやってもいいわけですか。

坂本義和守護霊　当たり前ですよ。中国人は、パスポートもなく、ホイホイ入《はい》れて当たり前じゃない。

「地球市民」と言い張り、「日本人」と答えようとしない坂本守護霊

里村　私は前から疑問だったのですが、坂本先生の祖国は、どちらですか。

坂本義和守護霊　祖国って、何？

里村　先生の祖国は？

坂本義和守護霊　祖国？　君ぃ、なんか、分からんことを言うなあ。

里村　日本と、はっきりおっしゃればよろしいではありませんか。

坂本義和守護霊　いやいや。米国ロサンゼルスで生まれたから。アメリカ生まれだから。

里村　お母様が、たまたまアメリカに行ったときに、お生まれになったわけですが、育ちは、上海《シャンハイ》ですよね。

坂本義和守護霊　それは、父親が東亜《とうあ》同文書院《どうぶんしょいん》（一九〇一年、当時、清朝《しんちょう》支配下にあった中国・上海に設立された日本人のための高等教育機関）に勤めてたからだけど。まあ、だから、アメリカも中国も、もう、知悉《ちしつ》しているというか、知り尽《つ》くしている人間なんだ。

里村　ですから、祖国は、どちらですか。

坂本義和守護霊　え？　祖国は……。まあ、だから、コスモポリタンなんだよ。私は世界市民なんだ。

里村　なぜ、日本とおっしゃられないのですか。

坂本義和守護霊　世界市民なんだ！　地球市民だ！

酒井　国家というものを認めないわけですね。

坂本義和守護霊　私は世界市民なんだ。シチズンなんだ。

里村　坂本先生のお名前の「義和《よしかず》」ですが、これは、中国の「義和団《ぎわだん》の乱」の「義《ぎ》和《わ》」から取られたんですよね？

坂本義和守護霊　ああ、君ぃ、変なことを思いついたなあ。

里村　当時の清朝政府は、義和団を利用して、中国から、アメリカや日本、ドイツ、イギリス、フランスなどの勢力を追い出そうとしましたが、義和団は、結局、鎮圧《ちんあつ》されました。その義和団に基《もと》づいて名付けられたそうですが、何か、坂本先生のことを象徴《しょうちょう》しているような気がして、たいへん驚《おどろ》いたのです。

坂本義和守護霊　じゃ、坂本龍馬《さかもとりょうま》に名前を変えるわ。それで、どうだ？

里村　いやいや。龍馬先生は嫌《いや》がると思います。

酒井　愛国者ですから。

坂本義和守護霊　龍馬が日本を断罪する。断罪する。断罪する。

里村　いや、坂本龍馬先生は愛国者です。

坂本義和守護霊　いや、坂本龍馬はね、コスモポリタンだと思う。やっぱり、世界市民だと私は思うな。

酒井　ただ、愛国者ですよ。

里村　日本という国に、しっかりと基点を置いたコスモポリタンです。

坂本義和守護霊　そんなことを言ったって、私は、カリフォルニアのロサンゼルスに生まれて、中国の上海で育ち、日本がめちゃくちゃなことをたくさんしたのを見たんだからね。

それから、日本に来てだな、頭があまりによすぎるために、出世に出世を重ねて三十代で東大教授になって、日本の間違いを一生懸命《いっしょうけんめい》、糺《ただ》したわけだ。
その、あまりの切れ味のよさに、みんな、賞をバンバン出してね。本当だったら、ノーベル平和賞は私に出なきゃいけないんだ。おかしいなあ。

「どこでもいいから、外国の植民地になるべきだ」という本音

綾織　坂本先生としては、日本人あるいは日本は、どうなるのがいちばんよいのでしょうか。もう、なくなってしまうほうがよいのでしょうか。

坂本義和守護霊　先の戦争で、あれだけ悪さをしたわけであるからして、本来、三百年ぐらいは植民地として支配され、謝罪を続けてもいいんじゃないか。

加藤　どこの植民地ですか。

坂本義和守護霊　どこでもいいけども……。

綾織・加藤　どこでもいい？

坂本義和守護霊　連合国の五カ国に分割《ぶんかつ》統治されても、文句は言えないな。やっぱり、国家主権を取られてね、米・ソ（旧ソ連）・中国・フランス・イギリスあたりに分割統治され、日本人が二十歳《にじっさい》の青年のまともな知能を持つところまで見届けてもらわないといけない。

加藤　「他国の支配下というか、植民地になって、数百年を過ごす」というのが、坂本先生がお考えになる「日本のあるべき姿」なのでしょうか。

坂本義和守護霊　やっぱり、作用に対しては反作用があるからね。

少なくとも、北朝鮮が、今、あれだけ苦しんでるのは、日本が悪いことをしたからだ。日本が悪いことをしたために、彼らは、今、世界から取り残されて、苦しんでるわけだ。

加藤　しかし、先の大戦は、必ずしも、日本の侵略戦争だったとは言い切れません。

坂本義和守護霊　北朝鮮の人たちに日本を明け渡《わた》し、彼らに移り住んでもらって、日本を支配してもらえば、彼らも豊かになれるし、日本人もちゃんと謝罪・反省ができるから、いいんじゃないか。

綾織　先ほど、国連の話が出ましたが、外務省にも、坂本先生に学んだ方がたくさんいらっしゃるので、国連中心主義というような考え方が……。

坂本義和守護霊　日本は、国連軍に治めてもらうべきだよ。国連の平和維持《いじ》軍に治めてもらうべきだ。自衛隊なんか要《い》らない。

5 「友愛」が中国の侵略《しんりゃく》を招《まね》いた

大川隆法に文句《もんく》を言いたくて来た

綾織　外務省のなかでは国連中心主義が強いと思いますし、坂本先生に学ばれた政治家にも、そういう考え方の強い人が多いと思います。

ところで、「守護霊」というご認識があるか、分かりませんが、ご自身の思想が、マスコミや政界、官界などにまだ非常に強く影響《えいきょう》を与《あた》えていることについて、どう思われますでしょうか。

坂本義和守護霊　いや、わしはね、呼ばれてきただけじゃないのよ。私は、ちょっと文句《もんく》も言いたくて来たのよ。

里村　ほうほう。

綾織　では、どうぞ。

坂本義和守護霊　いやあ、東大のさ、法学部の政治学科卒という肩書《かたがき》の宗教家で、大川隆法っていうのは、わしに反するようなことをたくさん振《ふ》りまいて、そして、それを信じるやつがだいぶ増えてきたけど、それに対して、実に不快感を感じる。

里村　それはしかたないです。坂本先生がおっしゃっていることは外れて、大川総裁がおっしゃっていることは当たるのです。

坂本義和守護霊　世の中はね、コインの裏表みたいなもので、時代が変わるんだよ。

だから、その時代、その時代の正義があるんじゃないか。

綾織　坂本先生は、もう、旧《ふる》くなっていこうとしているわけですよね。

坂本義和守護霊　旧くなったって？　何ぃ！

里村　坂本先生が「このように変わる」と言われたのは外れて、大川総裁が「このように変わる」と言われたのが当たり、その影響が、今、大きく広がってきているわけです。

坂本義和守護霊　若い者《もん》たちは、私みたいな高度な知能についてこれないからさ。宗教は、流行《はや》り病《やまい》みたいに流行るけど、分かりやすい言葉で言ったような本とかのほうが、メディア感覚というか、マンガ感覚で読めて、なんか、国際政治が分かったような気になれるから、みんな、ついていってるだけなんだよ。

里村　今、大川総裁の著作がものすごい勢いで出ており、幸福の科学もどんどん広がっておりますが、これは、坂本先生にとって、面白《おもしろ》くない現象でしょうか。

坂本義和守護霊　少なくとも、「東大法学部政治学科卒」っていうのをやめていただきたい。これを、もうちょっと違《ちが》う肩書に替《か》えていただきたいなあ。やっぱり、國學院《こくがくいん》大学卒ぐらいがいいな。

里村　いやいや。私としては、坂本先生の肩書のほうこそ、問題ではないかと思います。

坂本義和守護霊　何を言ってるの？　わ、わ、私の薫陶《くんとう》を受けるべきじゃない？

篠原一《しのはらはじめ》のほうに行きよって、ほんとに（注。篠原一氏は、政治学者で東京大学名誉《めいよ》教授。在学当時、筆者は篠原教授のゼミに参加していた）。

何だよ、篠原は、もう、菅《かん》（直人《なおと》氏）の市民運動なんかに肩入れしてさ。自分は丸山ワクチンでガンが治ったとかいうので、あんな淫祠邪教《いんしじゃきょう》というか、〝丸山《まるやま》教〟に走っちゃってさあ。「丸山ワクチンを厚生省（現・厚生労働省）に認めさせるために、菅が働いてくれた」っていうので、感謝・感激して、菅を後押《あとお》ししたりしてたけど、あんなの、政治学者として筋が通ってない。

あんな篠原のところのゼミに入ってねえ、そんなの、もう間違ってるよ。なんで俺《おれ》のところに来ないんだよ、ほんとに。

民主党の野田《のだ》氏・菅《かん》氏・鳩山《はとやま》氏をどう見ているか

加藤　今の民主党政権については、どのようにお考えですか。

坂本義和守護霊　え？　民主党政権は、自民党よりはマシだと思うけども、野田《のだ》が出てから、なんか、隠《かく》れ自民党みたいな感じになってきてるからさ。

加藤　やはり、菅《かん》さんのほうがお好きですか。

坂本義和守護霊　菅が好きかどうかは知らんけども、とにかく……。

綾織　鳩山《はとやま》さんはいいんですよね。

坂本義和守護霊　鳩山は平和勢力だよな。どう考えてもな。

綾織　あの友愛主義がいちばんいいわけですか。

坂本義和守護霊　鳩山のほうが、わしは好きかな。菅が好きなのは、篠原のほうだろう。野田は隠れ自民だからな。わしは（菅も野田も）二人とも好かんのだ。

里村　ただ、坂本先生がお好きな鳩山さんが、ある意味で、アジアの平和を壊《こわ》す大きなきっかけをつくったのです。

坂本義和守護霊　友愛と、それから、東アジア共同体構想ね、まさしく理想だよな。理想の実現だよ。

坂本義和氏は、「反日・亡国《ぼうこく》の源流」なのか

里村　いや、その結果、どうなったかと言うと、尖閣《せんかく》諸島に対する中国の態度が、どんどん強硬《きょうこう》なものになってきています。

坂本義和守護霊　うーん。それはね、たぶん、幸福の科学という〝悪い〟宗教が日本に流行って、日本がすごくタカ派化してきたから、中国は、今、「制裁を加えなきゃいかん」と思って、焦《あせ》っておるんだよ。

里村　悪い宗教というご意見については非常に異論がありますが、今日、坂本先生のお話を伺《うかが》ってよく分かったのは、「坂本先生は、戦後日本の左翼《さよく》の源流にとどまらず、反日・亡国《ぼうこく》の源流でもあるのではないか」ということです。

坂本義和守護霊　亡国ね？

加藤　坂本先生のお考えや理論を突《つ》き進めていくと、日本は、基本的に、中国の植民地になると思われます。

坂本義和守護霊　いやいや、それはねえ、私の頭がよすぎるだけなのよ。だから、単に、君たちが理解できないだけなんだ。もう、時代が百年も二百年も進んで……。

6 「守護霊」を理解できない左翼《さよく》学者

守護霊の自覚があるか、念のために訊《き》いてみる

酒井　時間が残り少ないので、最後の質問に行きたいと思います。

綾織　あなたには、「自分は守護霊である」という認識はあるでしょうか。守護霊というのは分かりますか。あなたは、あの世から、坂本義和先生を守っている存在のはずですが。

坂本義和守護霊　守護霊……。あのなあ、君ら、そういう、人を騙《だま》すような本を次々と出すんじゃないよ。

綾織　守護霊について分からないわけですね。

坂本義和守護霊　言いたいことがあるなら、自分の考えで出しゃあいいんだ。明治維新《いしん》のあれだとか、最近の政治家だとか、いろんな人の霊言《れいげん》と称《しょう》してさあ、ああいうインチキで、世の中を騙してねえ……。

綾織　インチキではありません。

坂本義和守護霊　そう引っ掛《か》けといて、自分らの意見を広めようっていうのは……。

綾織　今、八十五歳《さい》でいらっしゃいますので、もう、何年かしたら、ご本人があの世に還《かえ》られるかと思うのですが。

坂本義和守護霊　まだ死んでない。生きてるよ。何を言ってるんだ。君ねえ、人の死を望むような宗教は、邪教《じゃきょう》だよ。

綾織　私たちは宗教なので、死を扱《あつか》っているのです。

坂本義和守護霊　邪教だよ！

綾織　いえいえ。宗教は、すべからく死を扱うものです。あの世や霊を信じていないようなので、このままでは、亡《な》くなったあと、ご本人は迷われてしまうのではないかと……。

「謝罪を続けることが平和を愛する証拠《しょうこ》」と言い張る坂本守護霊

坂本義和守護霊　しかし、ちょっと、大川隆法っていうのは悔《くや》しいなあ。なんか、お仕置きっていうか、お灸《きゅう》を据《す》えないと……。

酒井　では、そろそろお帰りいただきますか。

坂本義和守護霊　ええ？　俺《おれ》の科目が必修だったら、これ（大川隆法）の単位を落として、絶対、卒業させないよ。

里村　今日は、本心を忌憚《きたん》なく聴《き》かせていただき、ありがとうございました。

坂本義和守護霊　私は正しいんだ！　私は賢《かしこ》いんだ！

酒井　お帰りください。

坂本義和守護霊　大衆はついてくるんだ。私についてくるんだ。

酒井　はい。ありがとうございました。お帰りください。

坂本義和守護霊　君らは大衆なんだからね。間違《まちが》うなよ。君らは大衆なんだよ。大衆のなかでも、君らは宗教にたぶらかされてるから、「狂《きょう》」という字がついてる、狂《くる》った大衆なんだよ。

とにかく、中国と韓国《かんこく》、北朝鮮《きたちょうせん》に対して謝罪を続けることが、「日本人は平和を愛している」という証明なんだよ。

綾織　ご本心はよく分かりました。

里村　今日はありがとうございました。

酒井　お帰りください。

大川隆法　（坂本義和守護霊に）はい、ありがとうございました。

7　東大が流した「左翼《さよく》思想の害悪」を正したい

日本は戦前から「議会制民主主義の国」だった

大川隆法　もはや、どうにもならないほどの固まり様《よう》ですね。「頑固《がんこ》である」ということが論理的に組み立てられると、学問的で、しっかりしているように見えることもあるようです。

ただ、現実は変わっていきます。例えば、ソ連が崩壊《ほうかい》したら、左翼《さよく》系の学者が言っていたことは、全部、崩《くず》れました。中身を見てみたら、ソ連は日本よりもよほど怖《こわ》い国であることが分かったのです。そのため、それ以降、彼らは活躍《かつやく》しにくくなっています。

日本は、日清《にっしん》戦争や日露《にちろ》戦争などをしましたが、今から見ると、「かつてのロシアや中国に対して行おうとしたことが未完成に終わった」というのが、残念に思えるぐらいです。日本がもう少しうまく頑張れば、ソ連やロシアの共産化を防ぎ、西側陣営《じんえい》に入れるところまでできたかもしれないのです。その可能性はあったと思います。

日本は、別に、第二次大戦に負けてから、西側陣営に入り、民主主義を導入したわけではありません。明治以降、西洋入りするために、西洋近代化の考えを採用して議会制民主主義を導入し、大正デモクラシーを経験していたのです。

しかし、アメリカ人あたりでも、日本に大正デモクラシーがあったことを知らず、「マッカーサーが行ってから、日本は、やっと、自由と平和と民主主義の国になった」というように考えています。

もちろん、戦前・戦中のアメリカ人も日本について知らないことが多く、「日本人はイエローモンキーである」「天皇制は、今でいうオウム教のようなものだ」と決めつけていたわけです。

そして、「天皇制は、オウム教のようなものだ」と書いたのが、丸山眞男《まるやままさお》です。彼は、戦中の日本のファシズムを分析《ぶんせき》して論文を書いていますが、簡単に言えば、「天皇制はオウム教だ」と言っているのです。

戦後、丸山眞男は、その説が認められて、「天才政治学者だ」とほめられ、三十六歳《さい》の若さで東大教授になりました。実は、戦後まもなく東大教授になったような人は、みな、こういう流れで出てきた人たちなのです。

間違《まちが》っていることがバレないよう、難解な文章を書く東大の教授たち

大川隆法　私は、学生時代、丸山眞男の著書を読みましたが、どれを読んでも、「これは大丈夫《だいじょうぶ》だろうか」という印象を受けたのを覚えています。難解な文章を書いているのですが、いったい何を言いたいのかが分からないのです。

渡部昇一《わたなべしょういち》氏も、以前、「丸山氏が雑誌『世界』（岩波書店刊）などに書いてある文章は、読んでも分からないので、読まないことにした」ということを言っていまし

たが、確かに、読んでも分からないような文を書くのが、東大教授の〝条件〟ではあるのです。

すなわち、一読して分かってしまってはいけないのです。「英語を読むようなつもりで、赤線を引きながら一語ずつ読む」というのを三回ぐらい繰《く》り返さないと、何が書いてあるかが分からない。そういう文を、「世界」や朝日新聞などの論説に書けることが、東大教授の条件であるわけです。

それを簡単な言葉で書くと、どうなるのでしょうか。実は、簡単な言葉で書くと、「バレてしまう」というか、書いていることが分かってしまうのです。そこで、言い訳をたくさん使いながら、簡単には書かないようにするわけです。

坂本氏が、今回、東京新聞に寄稿《きこう》された文章も、お年にもかかわらず、実に巧妙《こうみょう》な言い方をしています。

従軍慰安婦《じゅうぐんいあんふ》について、「実際に抗議《こうぎ》をしている人がいること自体が、事実であることを証明している」という趣旨《しゅし》のことを書いた上で、例えば、「日本では、毎週金曜日に首相官邸《かんてい》前で脱《だつ》原発のデモが続く。これを、福島の恐《おそ》るべき原発事故と原発への抗議との『確証』と認めない人は、現実に目を閉じているのだ。」というように来るわけです。

また、「慰安婦問題を指摘《してき》する者は、韓国《かんこく》人であろうと日本人であろうと『反日』である、というレッテルを貼《は》り付ける人が日本にいるが、それが誤りであることは明らかである。慰安婦問題は国際的な倫理《りんり》基準に照らし、普遍《ふへん》的な人権問題として、広く国際社会が日本の責任を問うているものなのだ。」というように上手に書くのです。

李明博《イミョンバク》大統領に関しては、「親日的と言われた李大統領が裏切られた思いを抱《いだ》き、国内での支持を念頭に竹島《たけしま》上陸という『報復行動』をとったのも理解できなくもない」と書き、実にうまいのです。

さらに、「私も敬愛を惜《お》しまない現天皇について、（李大統領は）あまりにも無知であり、恥《は》ずべきである。」と書いてあり、天皇を擁護《ようご》しているようにも見えます。

このように、言葉が巧《たく》みで鋭《するど》いところがあるので、これに、やられてしまうわけです。

今、「戦後の間違《まちが》い」が正されつつある

大川隆法　ただ、私は、大学時代、学生の分際でありながら、「この人の理論は間《ま》違《ちが》っているのではないか」と思っていました。当時すでに、私には、それだけ見識があったのです。かつての東大法学部は、坂本氏らの思想が支配的な考えであったのですが、私は、「どうも、おかしい。結論は間違っているのではないか」と感じていたのです。

そして、今、その方向に流れが持っていかれようとしているので、すごく焦《あせ》っているのでしょう。自分の業績がすべてパーになろうとしているからです。

坂本氏は、岩波書店から『坂本義和集（全六巻）』を出しています。私も持っていますが、これらの著作が、すべて、売れなくなり、古本屋からも消えていく時代

がもうすぐ来ようとしているわけです。

恩師系統の人を〝葬《ほうむ》る〟のは、私としても非常に残念です。ただ、東大は、戦前から、「赤（左翼）が多い」と言われていた大学であり、私のいた法学部だけでなく、教育学部等も含《ふく》め、そうとう左翼思想を流してします。東大には、そうした害悪があると思うのです。

東大は、「左翼教育を受けながら、卒業生たちは、保守のほうに職業を得ていく」という、まことに不思議な学校です。そして、保守の立場に立ちながら、左翼的な思想が頭のなかに入ってくると、自虐《じぎゃく》史観を持つようになってくるのです。

その意味で、戦後、日本を盛り上げたのは、政治家や官僚《かんりょう》ではなく、実際は産業人のほうであったと考えます。「左翼的な教育をあまり受けずに、自分の力で汗水《あせみず》垂らして働いて、企業《きぎょう》をつくっていったような人たちが、日本の繁栄《はんえい》をつくった。国の枢要《すうよう》にいる人たちは、あくまでも、その恩恵《おんけい》に与《あずか》って、国力を大きくすることができた」というのが、実際のところではないでしょうか。

私の側から見ると、私の存在と活動自体が、今、「戦後の間違い」を正そうとしているようです。そのように考えています。

確かに、坂本氏の言うように、謝罪しておけば、周りからは、正しく、善人のように思われます。そのため、当時は、そうするほうがイージー（容易）な時代だったのでしょう。

酒井　しかし、今は、本当に現実的な危機が来ているので、それでは、もう通用しないと思います。

大川隆法　少なくとも、ソ連が崩壊するまでの間《あいだ》は、日本の保守系統の言論人は、五本の指で数えられるぐらいに少なかったのです。以前は、それほど、左翼思想が強かった時代だったわけです。

第2章

エドガー・ケイシーによる「タイムスリップ・リーディング」

二〇一二年九月二十二日　収録
東京都・幸福の科学総合本部にて

エドガー・ケイシー（一八七七～一九四五）

アメリカの予言者《よげん》、心霊治療家《しんれいちりょう》。「眠《ねむ》れる予言者」「20世紀最大の奇跡《きせき》の人」などと称《しょう》される。催眠《さいみん》状態で、病気の治療法や人生相談等について数多くの「リーディング」を行った。エドガー・ケイシーの魂《たましい》の本体は、医療系団の長《ちょう》であるサリエル（七大天使の一人）であり、旧約の預言者《よげん》イザヤとしても生まれている（『永遠の法』〔幸福の科学出版刊〕『大川隆法霊言《れいげん》全集　第34巻』〔宗教法人幸福の科学刊〕参照）。

1　軍律が厳しく守られていた日本軍

「エドガー・ケイシーによる南京《ナンキン》事件の真相リーディング」を試みる

酒井　それでは、次に行きたいと思います。

大川隆法　では、行きましょうか。

次は、南京《ナンキン》事件についてです。『ザ・レイプ・オブ・南京』も含《ふく》めて、南京事件が本当はどうだったのか、一九三七年ごろまでタイムスリップしてみます。

その時代にセッティングして、エドガー・ケイシーにリーディングをやってもらおうと思いますので、ケイシーが見ている光景等について、訊《き》いていただければ幸いです。

（瞑目《めいもく》し、両手を組む）

それでは、次に、当会の指導霊団《しどうれいだん》の一人であり、アメリカ人でもあります、「眠《ねむ》れる予言者《よげん》」で有名なエドガー・ケイシーをお呼びして、「エドガー・ケイシーによる南京事件の真相リーディング」に入りたいと思います。

エドガー・ケイシーの霊よ、どうか、幸福の科学総合本部に降りたまいて、われらを指導したまえ。

われらに、日本人を長らく悩《なや》ませているところの南京事件で、大虐殺《だいぎゃくさつ》やレイプ等が本当にあったのかどうか、そのへんについて教えていただきたいと思います。

願わくは、一九三七年前後の日本軍による南京攻略《こうりゃく》の時代に焦点《しょうてん》を合わせ、その真相について、教えていただきたいと思います。

エドガー・ケイシーの霊、流れ入《い》る、流れ入る、流れ入る、流れ入る。

（約十秒間の沈黙《ちんもく》）

ケイシー　ケイシーです。

里村　ケイシー先生、本日は、まことにありがとうございます。

ケイシー　うん。

里村　今、日本では、日中関係、あるいは日韓《にっかん》関係において、実際に領土問題が起きております。この国際的な緊張《きんちょう》の高まりを見ると、やはり、原点には、南京事件と従軍《じゅうぐん》慰《い》安《あん》婦《ふ》問題という歴史の問題がございます。

ケイシー　うん、うん。

里村　これに関しては、十分な証拠《しょうこ》がないなかで、日本と中国、韓国の間で、さまざまな意見が出ていますが、結果的に収束がつかず、だんだんと緊張が高まるという状態が続いております。

そこで、ケイシー先生のお力をお借りいたしまして、「いったい、南京で何があったのか」、また、「当時、日韓の間で、従軍慰安婦というものがあったのか」ということを、ぜひ、霊視《れいし》していただければと思います。どうぞよろしくお願いいたします。

日本軍が攻《せ》めたとき、南京《ナンキン》市内には五万人しかいなかった

ケイシー　では、南京《ナンキン》のほうから行きましょうか。

里村　はい。ありがとうございます。

酒井　そうしますと、日付としては、「一九三七年十二月十三日から約六週間」というのが、東京裁判での南京事件の記述にありますので、その十二月あたりから、南京がどういう状態であったかを霊査《れいさ》していただきたいと思います。

まず、「どれくらいの人口なのか」ということについては、どうでしょうか。

ケイシー　うーん、もう、かなり逃《に》げ出しているように見えますね。南京市内から、そうとう、市外、郊外に逃げています。人はかなり出ていますねえ。

綾織　日本軍が攻《せ》めてくる前は……。

ケイシー　日本人が攻めていったときに、市内で残っているのは、（約五秒間の沈黙）五万人ぐらいではないですかね。

綾織　日本軍が攻めていったときに五万人？

酒井　五万人ぐらいですか。避難《ひなん》された方は、どちらに行かれましたか。避難区がありましたが、そういう場所は見つかりますでしょうか。

ケイシー　避難区に逃げている人もいるのかもしれないけど、私には、もっともっと、どんどん逃げているような……。

酒井　もっと逃げている？

ケイシー　うーん。

綾織　「もう、南京城の外に行ってしまった」ということですね。

ケイシー　外へ出ているように見えます。どんどん逃走《とうそう》していますね。市民だけでなくて、軍隊も一緒《いっしょ》になって逃走しています。

酒井　軍隊も逃げている?

ケイシー　うん、軍隊も逃げている。どうしても南京を捨てられないで残っている者もいるけども、残っているほうは、「日本軍と何とかうまいことやっていこう」としている。まあ、一部、「抵抗《ていこう》しよう」としている者もいるかとは思います。

軍隊と市民を合わせて、私の目には、せいぜい五万人。

酒井　二十万人とか、三十万人とかはいませんか。

ケイシー　そんなにいないですね。みんな、どんどん逃げていっている。「軍隊と民間人の区別がつかない状態」で二百人が亡《な》くなった

綾織　まだ、南京城内に残っている中国人の兵隊もいるわけですよね。安全区という所があったわけですけれども。

ケイシー　正規軍の兵隊が少しはいるのでしょうかねえ。

綾織　「南京城内で、若干《じゃっかん》、抵抗運動が続いていた」というように……。

ケイシー　なんか、ゲリラみたいにやっているように見えるのですが。

綾織　それでは、指揮命令系統は、全然ない状態ですね。

ケイシー　ゲリラみたいですね。普通《ふつう》の民家のような所を根城《ねじろ》にして出没《しゅつぼつ》し、日本軍の不意を襲《おそ》うようなことを、繰《く》り返し繰り返しやっています。

里村　ケイシー先生、そのときのゲリラの格好は、兵隊の格好でしょうか。

ケイシー　いや、（兵隊の格好は）していないですね。市民の格好をしている。要するに、偽装《ぎそう》している者がすごく多いですね。

里村　偽装……。

ケイシー　うんうん。

綾織　日本軍は、そうした民間人の格好をした兵隊と戦わないといけないわけですが、何人ぐらいの中国人が日本軍との戦闘《せんとう》で亡《な》くなったのでしょうか。

ケイシー　うーん。具体的に、それを数え上げるのは難しいですけども、全体的に見渡《みわた》して、おそらく……。

要するに、日本軍が入城したときに残っていたのは五万人ぐらいです。「軍隊か、民間人か」の区別がほとんどつかないような状態になってはおりますが、占領《せんりょう》したときに殺された人は、（約十五秒間の沈黙）二百人ぐらいかな。

酒井　二百人ぐらいですか。

ケイシー　うん。二百人ぐらいかと思います。

軍律について厳しく指導する日本軍幹部の姿が見える

綾織　軍隊と民間人との区別は難しいと思うのですが、そういう、実質的なゲリラ兵との戦闘行為《こうい》以外で、日本軍が民間人を虐殺したり、あるいはレイプしたりといった残虐行為は見えますでしょうか。

ケイシー　私に見えるものは、なんか、すごく偉《えら》い大将か、指揮官……。

里村　松井石根《まついいわね》（注。陸軍大将。日中戦争時、上海《シャンハイ》派遣《はけん》軍司令官・中支那《なかしな》方面軍司令官）？

ケイシー　松井さんと言うのですか。この人は、すごく怖《こわ》くて厳しい感じの人で、軍律について、とても厳しく指導しているように見えます。
「日本帝国《ていこく》陸軍の名を辱《はずかし》めるようなことはしないように」と厳しく言っています。
略奪《りゃくだつ》、暴行、婦女暴行等に対して厳しく戒《いまし》め、「軍律を破った者に対しては、厳罰《げんばつ》でもって臨《のぞ》む」というようなことを訓令しているシーンが見えます。

酒井　そうですか。

ゲリラによって、日本兵は中国人と同じぐらい殺されている

酒井　ゲリラのなかに、女性や子供はおりますでしょうか。

ケイシー　いますね。女性や子供もいます。
だから、油断できない状態ですね。大人の男性とは限らないです。女性や子供でも、銃《じゅう》を持ったり、あるいは、いろんな武器を隠《かく》し持ったりしていることがありま

すね。

酒井　その人たちに、日本兵が殺されたところは見えますでしょうか。

ケイシー　ああ、日本兵も殺されていますね。

酒井　どれくらいの人数が殺されていますか。

ケイシー　うーん、ゲリラですからね。いろいろな所から、少しずつ襲ってくる感じです。南京城に入っても、かなり荒廃《こうはい》した地域になっておりますので、いろいろな所から出没してきて、襲ってくる感じですね。

なんか、戦車みたいなものに爆発《ばくはつ》物をぶつけているようなところも見えなくはないです。それから、銃を持って襲ったり、夜間、軍が駐屯《ちゅうとん》している所に忍《しの》び込《こ》んできて、なかで火をかけたり、いろいろと混乱させているシーンも見えます。

どうですかねえ、殺された日本人は、おそらく……、戦争というか、まともな「正規軍対正規軍の戦い」にはなっていないので……。

軍隊の戦いだったら、万の被害《ひがい》は出るでしょうけども、「軍隊対軍隊の戦い」にはなっていないですね。これは、どう見てもなっていないので、そう大きな被害が出ているようには、私には見えないです。

おそらく、殺された数は……。（中国人と）同じぐらいかなあ。

酒井　「二百人ぐらい」ということでしょうか。

日本軍占領《せんりょう》後、「南京《ナンキン》は安全だ」と分かり、人口が元より増えた

酒井　ゲリラに対して、先ほどの司令官からは、どのような指示を出されているか、見えますか。

ケイシー　（約十秒間の沈黙）「中国人を見かけたら、撃《う》ってもいい」とか、「殺してもいい」とかいうようなことは、まったく言っていないと思います。

ただ、何と言うか、「向こうが明確に銃などの武器を携帯《けいたい》していて、『攻撃《こうげき》しよう』という体勢を取っているときには撃ってもよい」ということは言っているように見えますね。

里村　そのときに、例えば、「投降したゲリラ兵を捕虜《ほりょ》にせず、その場で殺せ」というような指示は出ていますでしょうか。

ケイシー　いや、身柄《みがら》は完全に確保されています。そんなことはありませんね。

だから、一時期、市民は減っていますが、日本軍が占領《せんりょう》してからしばらくすると、市民が戻《もど》ってきています。

里村　はいはい。

ケイシー　いろいろな所から戻ってきています。これは、「南京《ナンキン》は安全だ」ということが分かってきたからだと思うのです。

綾織　それは、期間的に何週間後ぐらいですか。

ケイシー　一時期いなくなっていますけど、おそらく、二週間後ぐらいには帰ってきて、人口が元より増えているような気がしますね。

酒井　一月の半ばぐらいに、実際に、人口は何万人ぐらいになっているか、見えますでしょうか。

ケイシー　たぶん、三十三万人ぐらいいる。

酒井　三十三万人？

ケイシー　うん。元より増えていますね。

日本軍占領《せんりょう》下では、戦死者は埋葬《まいそう》され、商行為《しょうこうい》も成り立った

酒井　そのときの町の様子はいかがでしょうか。「死体が溢《あふ》れている」というようなことはありますか。

ケイシー　それはないね。南京に入城する前の段階で、各地に戦いがあり、いろいろな所で戦死した人はだいぶいたと思いますから、そういうものをトータルで合わ

せると、南京に辿《たど》り着くまでの間、日本軍との戦いによって戦死した人は、たぶん、二、三千人ぐらいはいるのではないかと推定します。万までは行っていないように思いますが……。

酒井　その亡くなった方々の死体は、どこに保存されているのでしょうか。

ケイシー　埋葬《まいそう》されているように思います。きちんと、普通の戦死者の埋葬の仕方をしていますね。

酒井　それは、南京市内ですか。

ケイシー　いや、亡くなった場所でやっているわけです。「どこかに死体を全部集めて、何かをする」というような感じではないですね。亡くなった場所に近い所で、たぶん、土葬していたのではないでしょうか。「穴を掘《ほ》って埋葬する」ということはやっていたように見えます。

ただ、「通常生活について、軍が関与《かんよ》することはない」ということが分かったため、市民がだんだん戻ってきています。

要するに、日本軍は規律がきっちりしており、暴行、略奪行為等が戒められているので、商行為《しょうこうい》が成り立つわけです。「商売として、軍に対して物を売ったりすることができる」ということは分かっているように見えます。

レイプは二件だけで、その犯人は軍によって厳しく処罰《しょばつ》されている

酒井　レイプについて、何か、町で噂《うわさ》になっていることはありますか。

ケイシー　私が見て、レイプと思われるのは、そうですねえ……。農家のような所で、いろいろと探索《たんさく》して回っている若い兵隊が、うーん、どうだろう、十八歳《さい》ぐらいかな？　十八歳ぐらいの女性に対して、性的行為に及《およ》んでいるところを二件ぐらい見ることはできます。

酒井　二件？

ケイシー　二件です。ただ、その兵隊は、日本軍によって厳罰《げんばつ》に処されていますね。

里村　ええ。

ケイシー　それに対しては、厳しく処断されています。

酒井　発覚してしまったわけですね。

ケイシー　ええ。厳しく処罰されています。だから、レイプされた人の数は二人です。

里村　ケイシー先生、例えば、略奪《りゃくだつ》や泥棒《どろぼう》などの場面は見えるでしょうか。

「略奪《りゃくだつ》」ではなく、軍票《ぐんぴょう》できちんと物を買う日本兵

ケイシー　農家等で食料の調達はやっております。「食料を出せ」と言っておりますが……。

里村　それをしているのは日本兵でしょうか。

ケイシー　いや、日本兵は軍票《ぐんぴょう》（戦地等で軍が通貨に代えて発行する手形）を中心に使っていると思います。要するに、紙幣《しへい》に換《か》わる日本の軍票で、きちんと物を買

おうとしているように見えますね。

ただ、日本兵に驚《おどろ》いて逃げていく人もいることはいるのです。例えば、籠《かご》に入った卵を放置して逃げている人もいるので、そうした場合、それが略奪に当たるのかどうかは分かりません。

だから、「お金の支払《しはら》いができない状態で、彼らが逃げてしまった」ということもあることはありますね。食料を確保するように言われているので、鶏《にわとり》や卵とかを、そのまま持って帰るようなケースもあるようには見えます。

でも、見ていたら、なんか軍票を置いていっていますよ。

里村　ああ。

ケイシー　「彼らは逃げたけれども、やがて帰ってくるだろう」と思って、軍票を置いていますよ。

酒井　南京の一般《いっぱん》の方に対する暴行はどうでしょうか。

ケイシー　いちおう、抵抗する人はいますからね。なんか、カンフーもどきの攻撃をしてきたり、いろいろしたりする者がいるので、そういう者に対して殴《なぐ》ったり、蹴《け》ったりするところが見えないわけではありません。

ただ、基本的に「ものすごく数が多い」というようなことはない。彼らが正規軍と戦えるはずもないので、それはないです。

しかし、食料調達や人の探索などをしている兵隊がはぐれて、個人とか、あるいは二人や三人とか、少人数で行動しているようなときに、「闇討《やみう》ち風に襲いかかる」というか、「棍棒《こんぼう》で殴る」とか、「石をぶつける」とか、そういうことをするやつがいることはいる。

そういうときに、暴力に当たることが発生していないわけではありません。

「日本軍には十対一でも敵《かな》わない」ということが鳴り響《ひび》いていた

綾織　すみません。少し争点が戻ってしまうのですが、ゲリラ兵（便衣兵《べんいへい》）との戦いでは、彼らは私服ですので、民間人と区別がつかないと思います。それで、どうしても、戦いのなかに民間人が入ってしまうのですが……。

ケイシー　（民間人と）区別はつかないのではないでしょうか。軍隊が民間の服を着る場合は、殺されたくないからですね。

それから、民間人でも、確かに武器を持って戦おうと思っている者も一部いる。ただ、それは、南京で見るかぎり、ほとんどの場合、自分の財産を守ろうとしているように見えます。

つまり、「もし、兵隊が財産などを取りに来ても、一人か二人を殺せば済むのだったら、抵抗して殺してやろう」と思って、待ち構えている民間人もいるので、確かに区別はつきにくいですね。

綾織　日本軍とゲリラ兵との戦いで亡くなった二百人のなかに、どのくらい民間人が紛《まぎ》れ込んでしまったのでしょうか。

ケイシー　それは、かなり区別がつきにくいですね。ただ、南京事件の前に、東北地方なのか、華北《かほく》なのか知りませんが、そちらから、日本軍の戦いの強さについては、もう、鳴り響《ひび》いていました。

十倍の敵を簡単に撃破してくる日本兵の強さには、とても敵《かな》わないですね。兵隊対兵隊で戦ったとしても、「十対一でも敵わない」「十倍いても敵わない」という感じです。「日本兵が百名いたら、千人の軍隊でかかっても負ける」ということを知っているわけです。

そういう噂は入っているので、「日本軍が来る」と聞いただけで、「降参か」「降《こう》伏《ふく》するか」「逃げるか」という者がほとんどです。あとは媚《こび》を売って、商行為に入る者もいる感じでしょうか。

2 敗走するばかりの中国の軍隊

逃《に》げることに抵抗《ていこう》がない中国軍は、自ら火をつけて撤退《てったい》した

酒井　蔣介石《しょうかいせき》は逃《に》げたと思うのですが、彼ら軍首脳は、どういう気持ちで、南京《ナンキン》をそのまま放っておいたのでしょうか。

ケイシー　中国人は、逃げることに対して抵抗《ていこう》はないんですよ。

酒井　ああ……。

ケイシー　日本人とは違《ちが》うのです。逃げることに抵抗はないので、蔣介石も逃げる

し、毛沢東《もうたくとう》も逃げます。逃げて逃げて、奥地《おくち》へ逃げていきますね。蔣介石は南へ南へと逃げていますけども、毛沢東だって、西の奥のほうへ逃げていっている。とにかく、奥へ逃げれば追いついてこれないので、逃げに逃げていますね。

酒井　南京の一般《いっぱん》の方々は、「軍が退《ひ》いてしまった」ということで、不安に駆《か》られていたのでしょうか。

ケイシー　うーん……。上空に日本の戦闘《せんとう》機が飛んでいましたので、そういう意味で、不安がないわけではないけれども、「勝てる」という感じでもないですね。

毛沢東革命等が起きてから、「日本軍に対して、徹底《てってい》抗戦（抗日）をした」と美化して言っていると思うけれども、当時の現状を見るかぎりは、もう、敗走に次ぐ敗走です。ただ逃げています。

酒井　逃げるときに、中国軍は町を焼き払《はら》ったりはしていませんか。

ケイシー　焼いているものもありますね。それは昔からの兵法なのではないですか。

酒井　どういうものを焼いていますか。

ケイシー　「あとで、日本軍に利用される可能性があるようなところは、自分たちで火をつけて撤退する」ということをやっていますね。

反日デモ同様、「日本人がやったように見せる工作」をしている

里村　その場で、中国の同胞《どうほう》に対する略奪《りゃくだつ》やレイプなどは起きていませんでしょうか。

ケイシー　中国人が中国人に対して略奪していますよ。それは、現代でもやっているではないですか。

里村　やっております。

ケイシー　それと同じです。

里村　ケイシー先生の目から見て、そのときの状況《じょうきょう》はいかがでしょうか。

ケイシー　逃げる途中《とちゅう》でいろいろなものが必要でしょう？　食べ物や着る物など、いろいろなものがいっぱい要《い》るので、途中で民家に押《お》し入って略奪しています。日本軍と違って、お金は全然払っていません。日本軍は軍票《ぐんぴょう》で払っていますけれども、中国軍の場合は、お金を払いません。

民家に押し入って、彼らの食料を根こそぎ持っていったり、それから、押し入ったついでにレイプもしていますね。

里村　ああ……。

ケイシー　中国人が中国人をレイプしています。

綾織　日本軍の一部がやった行為《こうい》と、中国軍が逃げるときにやった行為とを比べると、どれくらいの差があるのでしょうか。

ケイシー　日本軍がやったように見せる面もあったと思います。まだ、南京市内に外国人が少しいるんですよ。彼らに、「日本人がやったように見せる」という工作をだいぶやっていますね。

今の反日デモなどと同じだと思います。日本人がたくさんやったように見せる破《は》壊《かい》行為をだいぶやっていますね。

「日本軍がいる所では悪いことができない」と治安が安定した

里村　当時の南京には、国民党軍がいましたが、共産党軍もかなり多くいました。お分かりになればで結構ですが、そうした破壊工作や破壊行為をしているのは、国民党軍のほうですか、それとも共産党軍のほうでしょうか。

ケイシー　（約五秒間の沈黙《ちんもく》）まあ、作戦を練《ね》れるほどの余裕《よゆう》があるようには見えないです。

あとで、歴史をどう美化しているのか知りませんが、例えば、「毛沢東軍が作戦を練って行《おこな》った」ということを言うかもしれないけれども、私が見るかぎりは、それほど余裕があったわけでもないし、蔣介石軍も毛沢東軍も逃げるのに夢中というか、必死で逃げていますね。

その途中で、彼らは、略奪、暴行、破壊、放火等をやっています。

酒井　彼らが逃げる前の南京と、日本軍が入城したあとの南京では、どちらのほうが治安は安定していたのでしょうか。

ケイシー　日本軍が入ってから、治安は戻《もど》っていますね。本当に二週間以内に戻っています。「日本軍がいる所では悪いことができない」という話になっているのです。

3 「南京大虐殺《ナンキンだいぎゃくさつ》」など、まったくなかった

敵対関係にならず、市民に歓迎《かんげい》された日本軍の統治

酒井　「日本軍が入城したときに五万人いた」ということでしたが、そこから亡《な》くなった二百人を除く九十九パーセント以上の人々は、どういう生活をしていますか。

ケイシー　いちおう、日本軍が支配するのですから、彼らにも宿舎や食べ物など、生活周りのいろいろなものが必要になってきますね。
抵抗《ていこう》している者もいますけれども、そんなに敵対的な関係ではない感じです。

酒井　敵対的ではない？

ケイシー　日本軍が駐屯《ちゅうとん》できるように、何かをしているように見えますね。

綾織　最終的には、時間とともに、南京《ナンキン》の様子も変わっていくと思います。

例えば、河村《かわむら》たかし名古屋市長のお父さんは南京に兵隊として行っていて、そのときの状況《じょうきょう》としては、南京の方《かた》から食べ物を振《ふ》る舞《ま》われるなど、非常に友好的な面もあったそうです。

ケイシー　その前の毛沢東《もうたくとう》軍や蔣介石《しょうかいせき》軍のときの乱暴狼藉《らんぼうろうぜき》は、けっこうきつかったのです。そちらの軍のほうが悪かった。それに比べると、日本軍のほうは、何と言うか、実によく訓練を受けていて、整然とした感じですね。

今で言えば、ほとんど、警察が治安についたような感じに見えています。

加藤　「南京陥落《かんらく》直前が五万人ぐらいの人口だった」とのことでしたが、それが一カ月ぐらいで三十数万人に戻《もど》っています。

ケイシー　そう、そう。元より増えていますね。

加藤　この一事をもってしても、日本軍の南京統治は、巷《ちまた》で言われている南京大虐《だいぎゃく》殺《さつ》に当たるようなものとは、かなり違《ちが》うと思います。

ケイシー　どちらかと言えば、歓迎《かんげい》されているように見えます。

酒井　「歓迎されている」とのことですが、日本軍が難民になっている方々に対して、食料を振る舞ったり、何か施設《しせつ》をつくったりはしていないでしょうか。

ケイシー　施設の修復等はやっていますね。もちろん、自分たちだけでなく、手伝える市民も動員してやっています。壊《こわ》れたところや必要なところの修復等について、指揮命令をとりながら、いろいろと一緒《いっしょ》にやっています。

里村　医療行為《いりょうこうい》等も行われていますか。

ケイシー　ええ。やっていますね。

日本人一万人で三十万人を統治し、三カ月で完全に落ち着いた

里村　そうすると、だいたい、どれくらいの日本人が南京城に入っていたのでしょうか。

ケイシー　うーん、どのくらい入ったでしょうか。これを正確につかむのは少し難

しいですけれど（約十秒間の沈黙《ちんもく》）、たぶん、一万人はいるかなあ。一万数千人かもしれない。二万まではいないような気がする。「二万人いるかいないかぐらいで、三十万人の統治をしているのではないか」と思いますね。

里村　分かりました。

ケイシー　ええ。

酒井　日本軍が入城してから、どれくらいの期間を経て、南京は完全に落ち着いたのでしょうか。

ケイシー　（約十秒間の沈黙）ああ、三カ月もしたら、抵抗するようなことは、もう何もなくなっていますね。治安は非常に良好です。

酒井　はい、分かりました。

いわゆる「南京事件《ナンキン》」なるものは存在しなかった

里村　今のケイシー先生のお話をお伺《うかが》いすると、「いわゆる南京《ナンキン》事件なるものはなかった」ということでしょうか。

ケイシー　まったくありませんね。

酒井　なかったのですね。

ケイシー　ええ。

酒井　では、先ほど、大川総裁が示された、川に流れ着いた死体などの写真は、いったい何なのでしょうか。

ケイシー　それは、ほかの場所のものだと思います。
うーん、これこそ、国共内戦、つまり、中華《ちゅうか》民国になった蔣介石軍と、毛沢東の共産党軍との内戦で殺し合った死骸《しがい》とか、そんな写真などがいっぱい載《の》っているように見えますね。

酒井　はあ、なるほど。

ケイシー　それから、女性をレイプして虐待しているような写真に関しては……、うーん、これは違うと思いますね。

酒井　そうですか。

ケイシー　これは違っていて……、うーん、違いますね。これはねえ、そういう、風俗《ふうぞく》営業の店等が、何か宣伝用につくったものだと思います。

綾織　「つくったもの」ということですね。

4 「南京大虐殺《ナンキンだいぎゃくさつ》」をつくり出した勢力とは

日本への原爆《げんばく》投下などを正当化するために必要だった

里村　南京《ナンキン》事件に関してケイシー先生に最後にお伺《うかが》いしたいのは、今、霊視《れいし》していただいたように、まったく存在しなかった南京事件なるものを、少し時間はあとになるかもしれませんが、どのような勢力がつくり出したのか、ということです。

ケイシー　これは必要だったと思うんですね。つまり、何と言いますか、日本に対して、原爆《げんばく》を二つ落とし、焼夷弾《しょういだん》を落とし、沖縄《おきなわ》戦で二十万以上の人を殺したことの正当性が、どうしても必要ですので、日本人が残虐《ざんぎゃく》な国民でなければ困るんですよ。

酒井　では、東京裁判での証言は、やはり、嘘《うそ》であったわけでしょうか。

ケイシー　最近の湾岸《わんがん》戦争とかでも、そんな嘘の証言ぐらい、いくらでも出ていると思います。

酒井　はい。

ケイシー　そういう嘘の証言は、出そうと思えば出せますし、日本は裁かれる側なので、もはや反論のしようがありません。日本人の悪い癖《くせ》ですが、いわゆるディベートというか、論理的に反論をしないのです。

「敗軍の将、兵を語らず」ではないけれども、敗軍の将たちは、もはや死を覚悟《かくご》しているので、何をされても、何を言われても、何も言わないわけです。そのため、つくられ放題になっていると思いますね。

酒井　そうですね。

東京裁判で、「演出」として急につくられた部分が大きい

里村　これは、やはり東京裁判でつくられたわけですね。

酒井　多少、反日のプロパガンダはあったかもしれませんが、当時、証言する人は少なくて、南京入城のころは、ほとんど、そういう噂《うわさ》は出ていなかったはずです。

ケイシー　なかったですね。

酒井　どちらかというと、戦争が終わったあとで急に大きく出てきた感じですよね。

ケイシー　終わったあとに出てきましたね。東京裁判のころに、急速に、いろいろつくり始めた部分が大きいと思います。

酒井　それに関しては、戦争中からアメリカもかかわっていたわけですね。

ケイシー　そうですね。それで、さらに駄目押《だめお》しのように、あとからまた出てきております。

私は、太平洋戦争中の日本が敵国である時代にアメリカに生きていて、終戦を越《こ》えない前ぐらいに没《ぼっ》しました（一九四五年一月三日没）。ほぼ同じ時期に生きていたので、当時のアメリカの状況《じょうきょう》はだいたい分かっていますが、「リメンバー・パールハーバー」で、「日本人がいかに悪い人間たちであるか」ということをキャンペーンするために、プロパガンダ用にすごい映画をつくったり、いろいろなことをやっていました。
そういうものをつくるに際して、何と言うか、本当にフィクション映画をつくるようなつもりで、「やらせ」をそうとうやっておりますね。
そういうことをやっているのと、やはり、蔣介石《しょうかいせき》の夫人でしたか。

里村　宋美齢《そうびれい》。

ケイシー　ええ。宋美齢さんだね。

里村　はい。

ケイシー　この人が、アメリカ各地を講演して回って、同情を引こうとしていたのが、そうとう効いていて、そのときに、こういう、日本軍のいろいろな虐殺みたいなことを、いっぱい言って回ったのだと思われますね。

ですから、先の湾岸戦争のときに、全身がオイルまみれになった鳥の映像が出てきたり、「新生児が虐殺されるのを見ました」という証言が出てきたりしていたと思いますが、その証言をした女の子は、実は、アメリカのクウェート大使館の大使の娘《むすめ》だったという事実が、あとから出てきたりしましたよね。

酒井　ええ。

ケイシー　そのようなかたちで、「つくられた演出」として、「日本軍が、いかに鬼《おに》のような、悪魔《あくま》のような軍隊だったか」みたいなイメージをつくり出そうとして、そうとう、「やらせ」をやっていると思われますね。

ほかの戦場より、むしろ、南京は、本当に整然と平和裡《へいわり》に占領《せんりょう》されたと思います。

酒井　はい。

現実の被害《ひがい》は、「南京《ナンキン》事件を否定する側」が考えるよりも少ない

ケイシー　まあ、日本人で、「南京《ナンキン》事件はなかった」と言っている側の人が思っているよりも、現実の被害《ひがい》は、さらにずっと少ないです。

酒井　もっと少ないのですか。

ケイシー　ずっと少ないですね。

酒井　そうですか。

ケイシー　南京事件を否定する側の日本人でも、「たぶん、数千人から一、二万人

ぐらいは殺しているだろう」と思っていますが、そこまででは死んでいないですね。

酒井　分かりました。ありがとうございました。

里村　ありがとうございました。

ケイシー　はい。

5 「従軍慰安婦《じゅうぐんいあんふ》の真実」を霊視《れいし》する

朝鮮《ちょうせん》の男性たちは、「日本軍の兵隊であること」を誇《ほこ》りに思っている

酒井　それでは、次の「従軍慰安婦《じゅうぐんいあんふ》」のほうに入りたいと思います。

ケイシー　従軍慰安婦。

里村　はい。当時のコリアで……。

ケイシー　場所は、どうしましょうかねえ。

里村　やはり、朝鮮半島《ちょうせんはんとう》において、本当に軍が関与《かんよ》し、軍の主導の下《もと》に女性たちを集めていたのかというところを……。

酒井　では、場所は朝鮮半島ですか。

（約十五秒間の沈黙《ちんもく》）

酒井　よろしいでしょうか。

ケイシー　今、リーディングをしているので、ちょっと待ってください。

酒井　すみません。

ケイシー　（約五秒間の沈黙）うーん。（約十秒間の沈黙）でも、うーん、朝鮮の人たちは、帝国陸軍《ていこく》の兵隊であることを、ものすごく誇《ほこ》りに思っていますねえ。

里村　ああ。

ケイシー　だから、日本人の考え方としては、たぶん、銃口《じゅうこう》を突《つ》きつけて、無理やりやらせているような感じがあるのだろうと思いますし、朝鮮半島の人たちは、今、「日本に侵略《しんりゃく》された」と言っているのでしょうけれども、当時を霊視《れいし》するかぎりは、日本軍の兵隊として扱《あつか》われていることに対して、すごい誇りを持っていますねえ。

綾織　それは、男性の方たちですよね。

ケイシー　男性たちです。男性たちは、すごい誇りを持って、日本軍として戦いに臨《のぞ》んでいます。

里村　そうですか。

ケイシー　また、日本の士官学校を卒業した朝鮮人とかもだいぶいて、彼らは、すごく喜んでいるというか、日本人と同じように士官学校を卒業して、そうした指揮官になっていることに対して、「すごく名誉《めいよ》なことだ」と思って喜んでいます。

そういう意味で、何と言うか、軍隊で奴隷《どれい》を雇《やと》って戦わせているような感じでは全然ないですね。

里村　はあ……。

ケイシー　要するに、朝鮮人の指揮官、将校がいるわけです。日本で、ちゃんと士官学校等で勉強し、卒業した人たちが、将校として取り立てられているので、特に、奴隷のようには扱われていませんね。

慰安婦《いあんふ》は、業者がお金を払《はら》って募集《ぼしゅう》していた

里村　先生が、今、霊視されたのは……。

ケイシー　男性の軍隊については、そういうことですね。さらに、慰安婦《いあんふ》についてでしょう?

里村　はい。

ケイシー　慰安婦のところ……。

酒井　何か、募集《ぼしゅう》の広告とか、そういうものはあるのでしょうか。

ケイシー　うん。業者がいることはいる。

酒井　業者がいるんですね。

ケイシー　うん。業者はいる。でも、業者は、うーん……、朝鮮半島にもいますが、日本本土のほうにも、やっぱりいて……。

里村　ええ、ええ。

ケイシー　募集をしていますね。その意味は、要するに、日本軍は、南方戦線等、いろいろな所に軍を展開していますが、現地での略奪《りゃくだつ》や暴行、もちろんレイプ等を禁じているということなんですよ。

里村　はい。

ケイシー　禁じているので、そういうことが起きないようにするために、業者がお金で募集していますね。

そして、応募してきた女性を面接して、選び、雇い入れて、ちゃんと、いちおう、「どこそこに行く」ということを説明した上でやっていますが、必ずしも素人《しろうと》の女性ではないと思われますね。

ある程度、職業として、今で言えば風俗《ふうぞく》営業でしょうか、そういうものに関係していた女性が主力ではあるように思います。

また、日本軍は、性病の蔓延《まんえん》を非常に恐《おそ》れていたので、日本軍が関与しているとしたら、軍医が性病感染《かんせん》の有無《うむ》についてチェックをしていますね。性病感染の有無をチェックしていて、そのチェックに通らなければ送られないわけです。
　要するに、日本兵に性病を広げてはならないので、軍医はかかわっていましたが、慰安婦を集めて、お金を払《はら》うのは、基本的に業者がやっていますね。

酒井　業者なんですね。

　南方戦線への展開時に、日韓《にっかん》両方から女性の志願者を募《つの》った

綾織　当時は、日本もそうなのですが、貧しい地域がたくさんあったので、やはり、親が……。

ケイシー　これは志願ですよ。やはり、志願によって、従軍慰安婦というか……。

酒井　「従軍」なんですか？

ケイシー　「従軍」慰安婦ではないけれども、軍のいる所というか、要するに、「お客」がいる所に行ったということでしょう。これは、志願ですよ。

酒井　募集に関しては、軍は関与していなかったのでしょうか。

ケイシー　募集して、応募してきた人を選別して、のちに……。

酒井　「従軍」なんでしょうかね。

ケイシー　いや、要するに、軍隊が南方戦線に展開するに当たって、募集して連れていったわけです。

アメリカ軍などは、現地調達型ですよね。「現地で慰安婦を調達する」というのが、アメリカ軍のやり方です。アメリカは、戦後、日本に進駐《しんちゅう》してきたときも、日本に娼婦《しょうふ》街をつくらせて、米兵の相手をさせていましたけど、日本軍は、それをしなかったんです。

日本軍は、「現地の人を娼婦に変える」ということをせず、日韓《にっかん》は同一国家になっていたので、日韓両方から女性の志願者を募《つの》ったわけですね。

つまり、「男性は戦争に行くのだから、女性にもできることはないか」ということですね。いわゆる「銃後《じゅうご》の守り」として、国内で食料をつくったり、機織《はたお》りをしたり、武器や銃弾《じゅうだん》をつくったりする人もいれば、そういう、南方戦線に送っても大丈夫《だいじょうぶ》なメンタリティーと体力を持っている方や、職業経験的に、ある程度、適性のある方等を選別して、送っていたわけです。

それで、軍隊の規模に合わせて、そういう、公営の「赤線《あかせん》」と言うのか、何と言うのかよく知りませんけれども、「慰安所に、どの程度の人数がいればよいか」というような割り出しはしているようですね。

そして、日本軍のほうを見ると、日本軍のなかには朝鮮人の男性も入っているんですけれども、その日本軍には、いわゆるコンドームが支給されていますね。それで、一週間に一回は女性と接触《せっしょく》できるぐらいの割合で計算して、慰安所の設立をしています。

慰安婦《いあんふ》は、「軍が募集《ぼしゅう》して連れていった軍属」ではない

酒井　慰安所《いあんじょ》は軍がつくったわけですか。

ケイシー　うーん。いや、「慰安所は軍がつくった」と言えるかどうかは分からないですね。

酒井　分からない。

ケイシー　分からないですが、ただ、従軍慰安婦という制度がなかったことは間違《まちが》いありません。

酒井　「軍が募集《ぼしゅう》して、連れていった」というかたちの軍属ではないわけですね。

ケイシー　「軍属か」というと、そんなことはありませんね。

酒井　「軍属ではない」ということですか。

ケイシー　ええ。むしろ、その女性たちは、例えば、軍が、南方戦線で転戦、移動していくと、「自分たちもついていく」と言って一緒《いっしょ》に移動しようとしています。そういう姿が見えますね。

だから、戦争を一緒にしているつもりでいるのです。

酒井　なるほど。「慰安婦《いあんふ》の報酬《ほうしゅう》額」は銀座のクラブのホステス並み

綾織　結局、論争点になっているのが、「軍による強制があったのか」という部分なのですが、貧しい家庭ですと、親が借金をしていて、その「かた」として娘《むすめ》が取られてしまうというケースもあるのではないかと思われます。そういう場合に、本人の知らないところで、言葉は悪いですが、売られていたというようなケースはなかったのでしょうか。

ケイシー　いや、特に朝鮮半島のほうから見ると、そういう軍に奉仕《ほうし》する慰安婦《いあんふ》をやると、すごくお金が儲《もう》かるようですね。

綾織　はい。

ケイシー　すごく収入がいいんですよね。

酒井　普通《ふつう》の収入の何倍ぐらいでしょうか。

ケイシー　普通よりも、ずっといいのです。

酒井　十倍ぐらいありますか。

ケイシー　国内で働くよりも、ずっと収入がいいみたいですね。だから、そこでお金を貯《た》めて、仕送りをするなり、持って帰るなり、そういうことを考えている人がだいぶいるのが感じられますね。

酒井　月収三百円以上という、当時の知事や、日本軍の大佐《たいさ》クラスの給料に相当する金額で、募集広告が出たりしていたようですが、そのような雰囲気《ふんいき》はありますか。

ケイシー　ああ、そうですか。

まあ、その金額については、具体的なところまでは分からないのですが、かなり、いい金額が出ているようです。

酒井　かなりいい金額ですか。

ケイシー　うん。かなりいい金額で、だから、うーん……。まあ、今的に言えば、銀座のクラブのホステスに近いような扱いでしょうか。

その意味で、ある程度の選別を受けていますね。いちおう、容姿《ようし》や外見《がいけん》について

の選別を受けており、その代わり、報酬額《ほうしゅうがく》は正確に計算して、ちゃんともらってい
るようです。

酒井　なるほど。

日本軍が壊滅《かいめつ》した所では、慰安婦《いあんふ》も悲惨《ひさん》な状態になっている

綾織　それで、日本の紙幣《しへい》なり、軍票《ぐんぴょう》なりでもらったものが、戦後、通用しなくな
ったという部分が問題になっているのでしょうか。

ケイシー　まあ、それもあるし、日本軍が敗戦したあとは、悲惨《ひさん》な状況《じょうきょう》になってい
ますね。

要するに、「軍の側《そば》にいる」というのは、実は、身を守るためにも必要なことで
あって、軍が身を守ってくれているんですね。だから、軍が有効に実効支配してい

るときは安全ですが、米軍の攻撃等《こうげき》によって、軍のほうが壊滅《かいめつ》してしまった場合は悲惨です。

米軍は、軍だけではなく、慰安婦《いあんふ》たちまで攻撃しているので、彼女たちもそうとう死んでいます。爆弾《ばくだん》を落とされて、一緒に丸焼けになったりして、殺されている状態ですね。

だから、軍がほぼ壊滅状態になって逃《に》げていくあたりでは、ものすごく悲惨な感じになっています。ほとんど玉砕《ぎょくさい》した島では、慰安所の慰安婦たちも、ほぼ玉砕しているので、ある意味では、本当に軍と一体だったのかなと思いますね。

補償《ほしょう》を求める女性のなかには、政府に買収された「泣き屋」がいる

里村　今のは南方戦線での話なので、まさに太平洋戦争、大東亜《だいとうあ》戦争のまっただなかのころだと思いますが、その戦争が終わってから四十五年以上たとうかというころになって、数人の韓国の女性たちが補償《ほしょう》を求めて証言しています。この人たちは

本当のことを言っているのでしょうか。

ケイシー　（約二十秒間の沈黙）うーん。これは……。これは買収されているね。

酒井　誰《だれ》に買収されているのでしょうか。

ケイシー　それは政府筋からでしょう。

里村　韓国政府ということですね。

ケイシー　うん。買収されていますね。買収されて言わされています。うーん。だから、これは通らないですねえ。買収されていますね。

酒井　その人たちの本心は、分かりますでしょうか。

ケイシー　うーん。本心は、「お金になればいい」ということではないでしょうか。朝鮮半島には、「泣き屋」というものが存在するんですよ。「泣いて、お金をもらう」という商売があって、例えば、葬式《そうしき》などに行って、わんわんと泣く役をする職業があるんですよね。そのように、韓国などには、「泣き屋をお金で雇う」という文化があるのですが、これは、そういうタイプの人たちですね。

つまり、この人たちは、「日本の軍人にレイプされて、いかに悲惨な目に遭《あ》ったか」ということを、泣いて訴《うった》える役割をしているわけですが、お金で雇われた人たちが何名かいると思います。

酒井　その方々は、誘拐《ゆうかい》されたとか、そういう方々ではないんでしょうか。

ケイシー　いやあ、それはまったくの嘘《うそ》ですね。

酒井　嘘ですか。

ケイシー　ええ。まったくの嘘だと思います。この人たちは「泣き屋」です。もし、慰安婦の問題でなければ、ほかのところで同じようなことをやっているはずです。「被害《ひがい》を受けた」と言って、泣く役割ですね。

慰安婦《いあんふ》に対する理解が間違《まちが》っている「河野談話《こうのだんわ》」

加藤　この従軍慰安婦《じゅうぐんいあんふ》問題を非常にややこしくしているものに、一九九三年に発表された「河野官房長官談話《こうのかんぼうだんわ》」というものがございます。

河野洋平《ようへい》元官房長官は、強制連行を立証する書類等がないにもかかわらず、元慰安婦と名乗り出た少人数の証言に基《もと》づき、「本人たちの意思に反して集められた事例が数多くあり、さらに、官憲等が直接これに加担したこともあった」と、談話を発表しているのですが、基本的に、これは、「事実とは違《ちが》う」と理解してよろしいでしょうか。

ケイシー　彼らは、「セックス・スレイブ」という英語の言葉を、まともに捉《とら》えすぎているのではないでしょうか。

アメリカ人などは、本当に、アフリカの黒人をスレイブとして売り飛ばしたり、お金で買い取って、家の地下や、牛小屋、馬小屋などに住まわせたりして、家畜《かちく》の代わりに労働力として使ってきたでしょう?

だから、彼らは、「慰安婦も同じようなものだ」と理解しているのだろうと思います。同じような感じで、「セックス・スレイブとして売り飛ばされて、仕えさせられたのだろう」と思っているわけですが、これは理解が違っていると思います。

アメリカ人たちが黒人奴隷を使ったのと同じような感覚で、慰安婦を考えているのだと思うんですね。

つまり、「慰安婦はセックス・スレイブとして売り飛ばされ、強制的に連れていかれた」というのを、本当に、そのまま信じさせられた人たちがいるのだと思います。しかし、そうではなくて、慰安婦が、きちんとした営利事業としてなされたものであることは事実です。

現在であっても、アメリカ軍の基地がある横須賀《よこすか》や沖縄《おきなわ》には、米兵を相手にする一群のプロの女性たちが存在するはずです。

それから、戦後、日本に進駐軍が来たときに、多数の女性たちが奉仕したことがありましたが、それを快《こころよ》く思わなかった日本人男性はたくさんいたはずですね。

まあ、そのようなものを、何十年かたって告発するというようなことですから、その裏には、おそらく、内政がうまくいっていない部分について、国民の不満を外に向けようとしている面は、そうとうあると思います。

朝鮮半島や中国は、両方とも、内政がうまくいかなくなると、「日本の責任」を持ち出してくる傾向《けいこう》が、かなり強くあるように思います。

慰安婦《いあんふ》たちも、強い日本軍を誇《ほこ》らしく思っていた

ケイシー　ただ、当時の朝鮮半島から慰安婦《いあんふ》として戦場に赴《おもむ》いた人たちは、身の危険があることを、当然、知っていたはずです。

最初の二年ぐらいは、日本軍が勝ち続けていたので、彼女たちも、「日本軍は強い」ということを、同じアジア人として誇《ほこ》らしく思う気持ちを持っていたことは事実です。

それから、収入的にも相当なものが得られました。今でも、日本の十分の一、百分の一の収入しかない国の人が、「不法労働者になってでも、日本で何カ月か働いてお金を貯めよう」としますが、それと同じように、「お金をそうとう貯めることができるので、もし戦争に勝って、そのお金を持って帰れたら、家が建つ」というように考えて、慰安婦として行っていたことは間違いありません。

最初の一、二年間、日本は百戦百勝の状態に近く、東南アジア系統においては、「強い日本軍が、欧米《おうべい》を一掃《いっそう》してしまった」という考えが強かったので、強制的に連れていかれたような感じは全然しないですね。「日本軍がものすごく勝ち続けているので、それについていった」という感じです。

里村　分かりました。

酒井　どうも、ありがとうございました。

加藤　ありがとうございました。

6　予見される「中国のダッチロール」

中国経済悪化の不満を、反日デモで「ガス抜《ぬ》き」している

ケイシー　それから、付け足しておかねばならないこととして、中国関連で何かあったような感じがするのですが……、中国関連で、何か言っていることがありましたかねえ。うーん。

里村　現段階での問題でしょうか。陰謀《いんぼう》や謀略など……。

ケイシー　うーん。何か、もっと違《ちが》うことを言っていたような気がするのですが。

酒井　歴史的にでしょうか。

ケイシー　うーん……。ああ、分かりました。思い出しました。

今、中国が尖閣《せんかく》問題を絡《から》めて、急速に日本への反日行動、反日デモ等をそうとう行っていますが、今、本当に、中国経済がかなり悪くなっており、不動産価格が三分の一ぐらいまで暴落していますす。つまり、バブル崩壊《ほうかい》が起きてきているのです。

それから、中国では失業者が一億人を超《こ》えているんですね。中国には十三億数千万人の国民がいると言われていますが、そのうち失業者は一億人もいて、その家族も入れると、約三億人が失業者世帯なんですよ。

十三億人のうち、三億人ぐらいが失業状態にあるので、中国政府は、この不満を抑《おさ》えなければならず、今、鄧小平《とうしょうへい》型の金儲《かねもう》けを奨励《しょうれい》する考え方を引き締《し》めに入っています。反日的な運動をしつつ、「毛沢東《もうたくとう》の時代はよかった」というような方向に持っていこうとしているのです。それをやろうとしているのが、次期国家主席の習《しゅう》近平《きんぺい》という人だと思います。

要するに、一億人を超える失業者が、全員、暴徒と化して政府を転覆《てんぷく》させる恐《おそ》れがあるので、その不満を「反日」に向けることで、一生懸命《いっしょうけんめい》ガス抜《ぬ》きを図《はか》っているわけです。

しかし、実際は、失業はするし、賃金は下がるし、不動産は値下がりするしという状態なのです。

要するに、上海《シャンハイ》や香港《ホンコン》系まで併《あわ》せて、金儲けをしていた南側の人たちは、不動産投資をそうとうやっていて、「マンションなどを買っておけば値上がりする」とか、「土地の使用権を買っておけば値上がりする」とか、かつて日本がやったのと同じことをやっていたのですが、今、急暴落中なので、銀行も大変な状態に陥《おちい》っています。

「国際社会での振《ふ》る舞《ま》い方」や「経済問題の処理法」を知らない習近平《しゅうきんぺい》
ケイシー　今のところ、この経済の立て直しがかなり厳しい状態なので、「何か紛《ふん》争《そう》等を起こして、国民の不満をそらさなければいけない」と考え、今、一生懸命に、日本を悪者に仕立て上げようとしているんですね。

それにもかかわらず、日本の対応が、わりあい冷静で大人びていて、激昂《げきこう》してこないため、中国や韓国《かんこく》に対して、国際社会のほうから批判が出始めているわけです。そのへんが計算外であったために、今、ちょっと対応に苦慮《くりょ》している状態ですね。

だから、今、中国人は、自分たちが非常に驕《おご》っていた部分の収拾がつかなくなっているのです。北京《ペキン》オリンピックや上海万博《ばんぱく》等で、ものすごくバブルが栄えていたのが、今、崩壊に入っていて、その建て直しができないでいます。

これについては、日本のほうが先輩《せんぱい》なので、中国は日本に対策を教えてもらわなければいけないのでしょうけれども、この失業対策と暴落対策のところが、いちばんの問題になっています。貧乏《びんぼう》人や、失業した者も不満を持っていますが、実は、経営者などのお金を儲けていた人たちも、ものすごい不満を持っているのです。「この不満分子を抑え込《こ》みたい」というのが、今の反日暴動のもとにあるわけです。

南京《ナンキン》事件などを持ち出して、とにかく、「日本人は、いかに残虐《ざんぎゃく》で、非人道的であるか」ということを言い、「反日行動、愛国行動は、無罪だ」という考え方を打ち出すことで、ガス抜きを一生懸命にやっているわけですね。

でも、これは、おそらく、次期国家主席の習近平《しゅうきんぺい》氏が、国際社会のなかにおける中国の位置にふさわしい振《ふ》る舞《ま》い方や、あるいは経済問題等の処理について、十分な知識を持っていないことが、実は大きな原因なのです。

したがって、「中国は、しばらくダッチロールをするのではないか」と推定しますね。

里村　ありがとうございます。

酒井　本日は、ありがとうございました。

大川隆法　（エドガー・ケイシーに）はい。どうもありがとうございました。

7　中国は「自国のだらしなさ」を反省すべきだ

〝自己中〟国家・中国の姿を、諸外国は冷静に見ている

大川隆法　正反対の意見が二つ出ましたが、どうしましょうか（笑）。「流れが変わろうとしている」ということでしょうか。

今、テレビ朝日や朝日新聞あたりまでが、中国の暴動などを見て、あきれ返っているというか、「品性が卑《いや》しいのは日本人のほうではない」ということが見えてきたようです（『朝日新聞はまだ反日か』参照）。日本では、めったなことでは、あのようにはなりませんからね。

「日本と中国のどちらが野蛮《やばん》か」ということが見えてきたのと、新聞でも報道されたように、国民を買収してでも「官製デモ」をやらせて、軍隊も上手に使いなが

ら演出しようとしている〝自己中〟国家の姿を、諸外国から冷静な目で分析《ぶんせき》されていることに耐《た》えられなくなってきている感じですね。

中国が世界の最強国、一流国になるためには、もう一段、超《こ》えなければならないハードルがあるのではないでしょうか。

「反日の源流」は断《た》たれた

大川隆法　私は、「日本国憲法を、中国に下げ渡《わた》したほうがよいのではないか」と述べたことがありますが（『国を守る宗教の力』〔幸福実現党刊〕第2章参照）、日本の国際政治学者も、中国に〝下げ渡し〟たほうがよいのではないかと思います。そして、中国に行き、「中国が、過去にヨーロッパの植民地にされ、日本にもやられたのは、いかに悪い政治・外交をやってきたからであるか」ということを、一生懸命《いっしょうけん》命《めい》、懺悔《ざんげ》したほうがよいかもしれませんね。

中国では、一八四〇年から一八四二年にかけてアヘン戦争があり、その結果、中国はヨーロッパによって国を割譲《かつじょう》させられ、持っていかれました。

あの戦争のきっかけは、ヨーロッパのほうから、中国にアヘンを持ち込《こ》まれ、国内にアヘン中毒患者《かんじゃ》を大勢つくられたことにありました。中国は、「アヘン貿易でお金を吸い上げられ、代金を払《はら》えなくなって借金まみれになり、その結果、土地を巻き上げられる」というように、すべてヨーロッパの戦略どおりにやられました。

やはり、そのあたりの自分たちの愚《おろ》かさを、すなわち、「麻薬《まやく》患者を大勢つくられ、アヘン欲《ほ》しさに金銀財宝や土地まで巻き上げられて、植民地にされていった」という歴史を、もう少し反省したほうがよいかもしれませんね。

酒井　そうですね。

大川隆法　義和団《ぎわだん》の乱（一九〇〇年）のころは、日本の軍隊はとても信頼《しんらい》されていて、「治安に関しては、日本に任せておけば大丈夫《だいじょうぶ》だ」というような国際的信頼があった時代です。中国は、それを逆転させた宣伝を一生懸命しているのですが、やはり、「自分の国のだらしなさ」のところを、少し反省したほうがよいかもしれません。

里村　はい。中国は歴史に学ぶべきだと思います。

酒井　今回の霊査《れいさ》で、「国民性は急には変わらない。日本軍は規律正しい軍隊であり、中国は秩序《ちつじょ》が乱れた国であったことは、昔も今も同じである」ということが、よく分かったような気がします。

大川隆法　そうですね。

里村　「反日の源流は断《た》たれた」という感じが非常に強くいたしました。

大川隆法　一つの参考になれば幸いです。

酒井　はい。本日はありがとうございました。

あとがき

この八月、九月は、竹島問題と尖閣諸島問題で、大騒ぎであった。

韓国の日本大使館前に従軍慰安婦の碑を建てて、ファナティックに怒りまくる国民、「南京大虐殺」をナチのユダヤ人虐殺なみに騒ぎ立てて、日本の諸都市に核ミサイルの照準を合わせることには沈黙する中国国民。

彼らには、正義に基づいて判断する理性も、善悪を判断する知恵も欠けている。

中国の民衆のために日本企業が工場を建てて雇用をつくり出しているのに、その工場を焼き打ちして、何が「愛国無罪」か。日本百貨店の商品の八割を略奪して、何が反日運動か。恥を知るがよい。野蛮な国民性は、国際社会をだませない。日本人はもっと自国の歴史に自信を持ったほうがよい。この国は神々に愛されている国なのだから。

二〇一二年　九月二十七日

幸福《こうふく》の科学《かがく》グループ創始者兼総裁《そうししゃけんそうさい》　大川隆法《おおかわりゅうほう》

『従軍慰安婦問題と南京大虐殺は本当か？』大川隆法著作関連書籍

『太陽の法』（幸福の科学出版刊）

『朝日新聞はまだ反日か』（同右）

『国を守る宗教の力』（幸福実現党刊）

『李克強　次期中国首相　本心インタビュー』（同右）

従軍《じゅうぐん》慰安婦《いあんふ》問題《もんだい》と南京大虐殺《なんきんだいぎゃくさつ》は本当《ほんとう》か？

——左翼の源流 vs. E．ケイシー・リーディング——

2012年10月7日　初版第1刷

著　者　　大《おお》　川《かわ》　隆《りゅう》　法《ほう》

発行所　　幸福の科学出版株式会社

〒107-0052 東京都港区赤坂2丁目10番14号
TEL(03)5573-7700
http://www.irhpress.co.jp/

印刷・製本　株式会社 堀内印刷所

落丁・乱丁本はおとりかえいたします

ISBN978-4-86395-255-3 C0030

大川隆法 ベストセラーズ・マスコミの間違いを糾す

NHKはなぜ 幸福実現党の報道をしないのか

受信料が取れない国営放送の偏向

偏向報道で国民をミスリードし、日本の国難を加速させたNHKに、その反日的報道の判断基準はどこにあるのかを問う。

1,400円

朝日新聞はまだ反日か

若宮主筆の本心に迫る

日本が滅びる危機に直面しても、マスコミは、まだ反日でいられるのか!? 朝日新聞・若宮主筆の守護霊に、国難の総括と展望を訊く。

1,400円

「文春」に未来はあるのか

創業者・菊池 寛の霊言

正体見たり! 文藝春秋。偏見と妄想に満ちた週刊誌ジャーナリズムによる捏造記事の実態と、それを背後から操る財務省の目論見を暴く。

1,400円

大川隆法ベストセラーズ・幸福実現党 対談シリーズ

野獣対談
――元祖・幸福維新

外交、国防、経済危機――。幸福実現党の警告が次々と現実化した今、国師が語り、党幹事長が吠える対談編。真の維新、ここにあり!
【幸福実現党刊】

1,400円

猛女対談
腹をくくって国を守れ

国の未来を背負い、国師と猛女が語りあった対談集。凛々しく、潔く、美しく花開かんとする、女性政治家の卵の覚悟が明かされる。
【幸福実現党刊】

1,300円

国家社会主義への警鐘
増税から始まる日本の危機

幸福実現党の名誉総裁と党首が対談。保守のふりをしながら、社会主義へとひた走る野田首相の恐るべき深層心理を見抜く。
【幸福実現党刊】

1,300円

幸福の科学グループのご案内

宗教、教育、政治、出版などの活動を通じて、地球的ユートピアの実現を目指しています。

宗教法人　幸福の科学

一九八六年に立宗。一九九一年に宗教法人格を取得。信仰の対象は、地球系霊団の最高大霊、主エル・カンターレ。世界百カ国に迫る国々に信者を持ち、全人類救済という尊い使命のもと、信者は、「愛」と「悟り」と「ユートピア建設」の教えの実践、伝道に励んでいます。

（二〇一二年九月現在）

公式サイト
http://www.happy-science.jp/

愛

幸福の科学の「愛」とは、与える愛です。これは、仏教の慈悲《じひ》や布施《ふせ》の精神と同じことです。信者は、仏法真理をお伝えすることを通して、多くの方に幸福な人生を送っていただくための活動に励んでいます。

悟り

「悟り」とは、自らが仏の子であることを知るということです。教学《きょうがく》や精神統一によって心を磨き、智慧《ちえ》を得て悩みを解決すると共に、天使・菩薩《ぼさつ》の境地を目指し、より多くの人を救える力を身につけていきます。

ユートピア建設

私たち人間は、地上に理想世界を建設するという尊い使命を持って生まれてきています。社会の悪を押しとどめ、善を推し進めるために、信者はさまざまな活動に積極的に参加しています。

国内外の世界で貧困や災害、心の病で苦しんでいる人々に対しては、現地メンバーや支援団体と連携して、物心両面に渡り、あらゆる手段で手を差し伸べています。

年間3万人を超える自殺者を減らすため、全国各地で街頭キャンペーンを展開しています。

公式サイト
http://www.withyou-hs.net/

ヘレン・ケラーを理想として活動する、ハンディキャップを持つ方とボランティアの会です。視聴覚障害者、肢体不自由な方々に仏法真理を学んでいただくための、さまざまなサポートをしています。

公式サイト
http://www.helen-hs.net/

INFORMATION

お近くの精舎・支部・拠点など、お問い合わせは、こちらまで！
幸福の科学サービスセンター
TEL. 03-5793-1727 (受付時間 火〜金：10〜20時／土・日：10〜18時)
幸福の科学グループサイト http://www.hs-group.org/

政治

幸福実現党

内憂外患《ないゆうがいかん》の国難に立ち向かうべく、二〇〇九年五月に幸福実現党を立党しました。創立者である大川隆法党名誉総裁の精神的指導のもと、宗教だけでは解決できない問題に取り組み、幸福を具体化するための力になっています。

党員の機関紙
「幸福実現News」

TEL 03-6441-0754
公式サイト
http://www.hr-party.jp/

出版メディア事業

幸福の科学出版

大川隆法総裁の仏法真理の書を中心に、ビジネス、自己啓発、小説など、さまざまなジャンルの書籍・雑誌を出版しています。他にも、映画事業、文学・学術発展のための振興事業、テレビ・ラジオ番組の提供など、幸福の科学文化を広げる事業を行っています。

TEL 03-5573-7700
公式サイト
http://www.irhpress.co.jp/